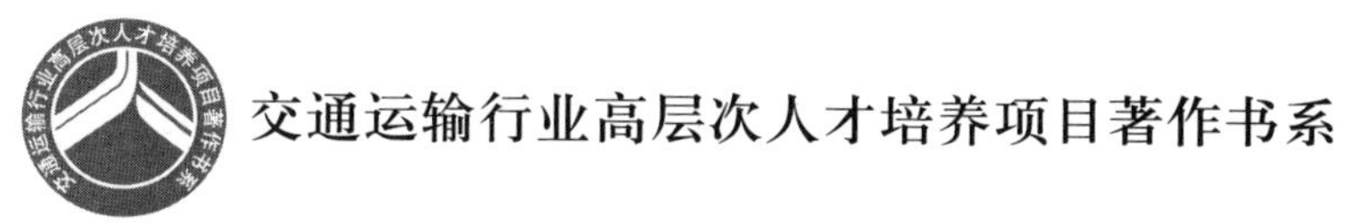

陈 林 主编

# 新时代交通运输公共舆论引导

Public Opinion Guidance of Transportation in the New Era

人民交通出版社股份有限公司

北京

## 内 容 提 要


本书较为系统地阐述了在新媒体快速发展的形势下，面对舆论环境、媒体格局、传播方式等发生的深刻变化，如何以马克思主义新闻观和习近平总书记关于新闻舆论工作的重要论述为指导，应用公共舆论引导的理论与方法，吸取近年来突发舆情事件应对处置的经验和教训，正确认识、深刻理解、创新做好新时代交通运输公共舆论引导工作。全书共分六章，包括国内外公共舆论管理的理论与现状、公共舆论引导的基本理论与方法、交通运输公共舆论引导的特色及重要作用、我国交通运输公共舆论引导的成绩与不足、新时代交通运输公共舆论引导的工作指针、新时代加强交通运输公共舆论引导的路径。书中有诸多近年发生的与交通运输相关的公共突发事件和舆情应对案例，如"东方之星"号客轮翻沉事件、重庆公交车坠江事故等。

本书可为交通运输行业主管部门、企事业单位做好新闻宣传工作、提升舆论引导水平提供参考，也可供担负新闻舆论和宣传思想工作职责的个人学习借鉴。



**图书在版编目(CIP)数据**

新时代交通运输公共舆论引导 / 陈林主编. — 北京：人民交通出版社股份有限公司, 2021.9

ISBN 978-7-114-17564-0

Ⅰ.①新… Ⅱ.①陈… Ⅲ.①交通运输业—公共管理—舆论—研究—中国 Ⅳ.①F512.1②G219.2

中国版本图书馆 CIP 数据核字(2021)第 163540 号

交通运输行业高层次人才培养项目著作书系
Xinshidai Jiaotong Yunshu Gonggong Yulun Yindao

**书　　名**：新时代交通运输公共舆论引导
**著 作 者**：陈　林
**责任编辑**：刘　彤　牛家鸣
**责任校对**：孙国靖　卢　弦
**责任印制**：张　凯
**出版发行**：人民交通出版社股份有限公司
**地　　址**：(100011)北京市朝阳区安定门外外馆斜街 3 号
**网　　址**：http://www.ccpcl.com.cn
**销售电话**：(010)59757973
**总 经 销**：人民交通出版社股份有限公司发行部
**经　　销**：各地新华书店
**印　　刷**：北京市密东印刷有限公司
**开　　本**：787 × 1092　1/16
**印　　张**：6
**字　　数**：151 千
**版　　次**：2021 年 9 月　第 1 版
**印　　次**：2021 年 9 月　第 1 次印刷
**书　　号**：ISBN 978-7-114-17564-0
**定　　价**：50.00 元


(有印刷、装订质量问题的图书由本公司负责调换)

# 交通运输行业高层次人才培养项目著作书系
## 编审委员会

**主　任**：杨传堂

**副主任**：戴东昌　周海涛　徐　光　王金付
陈瑞生(常务)

**委　员**：李良生　李作敏　韩　敏　王先进
石宝林　关昌余　沙爱民　吴　澎
杨万枫　张劲泉　张喜刚　郑健龙
唐伯明　蒋树屏　潘新祥　魏庆朝
孙　海

# 书系前言

## Preface of Series

进入21世纪以来，党中央、国务院高度重视人才工作，提出人才资源是第一资源的战略思想，先后两次召开全国人才工作会议，围绕人才强国战略实施做出一系列重大决策部署。党的十八大着眼于全面建成小康社会的奋斗目标，提出要进一步深入实践人才强国战略，加快推动我国由人才大国迈向人才强国，将人才工作作为"全面提高党的建设科学化水平"八项任务之一。十八届三中全会强调指出，全面深化改革，需要有力的组织保证和人才支撑。要建立集聚人才体制机制，择天下英才而用之。这些都充分体现了党中央、国务院对人才工作的高度重视，为人才成长发展进一步营造出良好的政策和舆论环境，极大激发了人才干事创业的积极性。

国以才立，业以才兴。面对风云变幻的国际形势，综合国力竞争日趋激烈，我国在全面建成社会主义小康社会的历史进程中机遇和挑战并存，人才作为第一资源的特征和作用日益凸显。只有深入实施人才强国战略，确立国家人才竞争优势，充分发挥人才对国民经济和社会发展的重要支撑作用，才能在国际形势、国内条件深刻变化中赢得主动、赢得优势、赢得未来。

近年来，交通运输行业深入贯彻落实人才强交战略，围绕建设综合交通、智慧交通、绿色交通、平安交通的战略部署和中心任务，加大人才发展体制机制改革与政策创新力度，行业人才工作不断取得新进展，逐步形成了一支专业结构日趋合理、整体素质基本适应的人才队伍，为交通运输事业全面、协调、可持续发展提供了有力的人才保障与智力支持。

"交通青年科技英才"是交通运输行业优秀青年科技人才的代表群体，培养选拔"交通青年科技英才"是交通运输行业实施人才强交战略的"品牌工程"之一，1999年至今已培养选拔282人。他们活跃在科研、生产、教学一线，奋发有为、锐意进取，取得了突出业绩，创造了显著效益，形成了一系列较高水平的科研成果。为加大行业高层次人才培养力度，"十二五"期间，交通运输部设立人才培养专项经费，重点资助包含"交通青年科技英才"在内的高层次人才。

人民交通出版社以服务交通运输行业改革创新、促进交通科技成果推广应用、支持交通行业高端人才发展为目的，配合人才强交战略设立“交通运输行业高层次人才培养项目著作书系”（以下简称“著作书系”）。该书系面向包括“交通青年科技英才”在内的交通运输行业高层次人才，旨在为行业人才培养搭建一个学术交流、成果展示和技术积累的平台，是推动加强交通运输人才队伍建设的重要载体，在推动科技创新、技术交流、加强高层次人才培养力度等方面均将起到积极作用。凡在“交通青年科技英才培养项目”和“交通运输部新世纪十百千人才培养项目”申请中获得资助的出版项目，均可列入“著作书系”。对于虽然未列入培养项目，但同样能代表行业水平的著作，经申请、评审后，也可酌情纳入“著作书系”。

高层次人才是创新驱动的核心要素，创新驱动是推动科学发展的不懈动力。希望“著作书系”能够充分发挥服务行业、服务社会、服务国家的积极作用，助力科技创新步伐，促进行业高层次人才特别是中青年人才健康快速成长，为建设综合交通、智慧交通、绿色交通、平安交通做出不懈努力和突出贡献。

**交通运输行业高层次人才培养项目**
**著作书系编审委员会**
**2014 年 3 月**

# 作者简介

Author Introduction

陈林，男，1978 年 9 月生，中国交通报社副总编辑兼运输中心主任，主任编辑，中国优秀产经新闻工作者、中国产业报协会十佳编辑、交通运输部青年科技英才，兼任中国汽车新闻工作者协会副理事长、中国公路学会城市交通分会副理事长。

2001 年起从事交通运输新闻宣传工作，十余次获得中国产经好新闻奖，两次获得中国新闻奖。策划实施过交通运输部“寻找中国运输风范人物榜样品牌”“丝绸之路交通文化之旅”“一带一路边境口岸万里行”“我的公交我的城”等重大主题宣传活动，承办交通运输部、公安部、中华全国总工会主办的“最美货车司机”推选宣传活动，承办交通运输部、中华全国总工会主办的“最美公交司机”推选宣传活动，参与主办中国“互联网 + 交通运输”创新创业大赛、全国道路货运驾驶员技能竞赛，承担全球环境基金会“中国交通转型与创新知识平台”（TransFORM）、全球道路安全伙伴关系（GRSP）等项目。

# 序

Preface

中国特色社会主义进入了新时代，我们正处在“两个一百年”奋斗目标的重要历史交汇期，加快建设交通强国的光荣使命催人奋进。新形势迫切要求交通运输各部门、各单位与时俱进，坚持正确的舆论导向，壮大主流声音，为行业发展创造良好的舆论环境。

随着移动互联网、人工智能等新技术的高速发展，日新月异的传播手段与错综复杂的思维方式相结合，构筑出全新的舆论生态环境。特别是各类自媒体的迅速生长，使人人都有了麦克风，人人都可能成为报道者，让公共舆论也兼具了全民参与性、传播及时性、形式灵活互动性、内容多样碎片性等新的特征。

在新的媒体环境下，交通运输部门、行业新闻媒体机构必须熟练掌握适应新时代要求的新闻传播和舆论引导能力，才能跟上新媒体发展与变革步伐，才能正确引导公共舆论，唱响主旋律，传播正能量。

陈林同志在《中国交通报》从事交通运输新闻宣传工作近二十年，既有交通运输新闻策划报道的丰富经验，也参与过交通运输公共舆论引导的成功实践。在本书中，他结合多年的从业经历和观察思考，阐述交通运输发展面临的舆论形势变化，在分析交通运输公共舆论引导成绩和问题的基础上，结合今后行业发展的目标任务，提出了进一步做好行业新闻舆论工作的措施建议。全书既有理论研讨，也有案例分析，对于交通运输行业从事新闻宣传和舆论引导工作的同志很有参考价值。

舆论历来是影响社会发展的重要力量，相信交通运输行业一定能够认真学习贯彻习近平总书记关于党的新闻舆论工作的系列重要讲话精神，围绕中心、服务大局，推动行业新闻舆论工作适应形势发展，全面提高工作能力和水平，不断开创交通运输新闻舆论工作新局面。

中国交通报社总编辑 李丽梅

2021 年 7 月

# 前　言

Foreword

人心是最大的政治，舆论是强有力的武器。交通运输部党组高度重视公共舆论在调节公众情绪、引领价值导向、推动行业政策实施等方面的重大意义，高度重视发挥交通运输公共舆论引导工作的重要作用。党的十八大以来，在习近平总书记关于交通运输工作的重要论述的指引下，全行业紧扣我国社会主要矛盾变化，在基础设施建设和综合运输发展方面取得了举世瞩目的成就，为促进经济社会发展、改善出行条件、提高人民生活水平提供了关键支撑。交通运输改革发展成就的取得，与交通运输部党组带领全行业直面舆论格局的深刻变化，加强和创新新闻舆论和宣传思想工作密不可分，与不断提升精神文明建设和政府信息公开工作密切相关。因为有了公共舆论引导理论、方法的创新应用和丰富实践，我们才创造了发展的良好舆论环境，也凝聚起了奋斗的强大精神动力。

正是在这样的背景下，特别是面对加快建设交通强国、实施综合交通运输新的五年规划、向第二个百年奋斗目标迈进的新形势、新任务，需要一本切合交通运输实际、较为通俗易懂、便于借鉴操作的研究专著，帮助全行业进一步深刻认识行业当前面临的媒体发展格局和所处的舆论传播环境，准确把握交通运输公共舆论引导的形势、任务，熟练掌握适合交通运输行业的公共舆论基本理论、引导方法、平台工具，特别是要吸取行业内外舆情应对处置的经验教训，坚持团结稳定鼓劲、正面宣传为主，把握好时度效，创新话语表达方式，讲好交通故事，努力提高新闻舆论工作的能力和水平，不断提升交通运输新闻舆论的传播力、引导力、影响力、公信力。

在推进公共舆论引导的理论、方法和工具灵活运用、有机融合等方面，植根行业、服务行业的专业新闻媒体有得天独厚的优势。中国交通报社作为交通运输部党组的机关报，拥有报（《中国交通报》+手机数字报）、网（中国交通新闻网）、端（交通强国 App）、微（官方微博、微信公众号）及15个“交通发布”系列第三方平台账号，是全国交通运输行业新闻宣传和舆论引导的主渠道、主阵地、主力军。本书作者在中国交通报社工作20年，有较为丰富的新闻舆论工作从业经历和作品成果，得到了交通运输部“交通运输行业高层次技术人才培养项目”面向交通运输青年科技英才的论文专著资助，将硕士研究生毕业论文进行修订补充，并结合多年新闻舆论工作实践经验，融入近年来交通运输行业较具典型参考价值的突发舆情事件应对处置案例，编撰成第一本将公共舆论引导理论和交通运输行业实际相结合的研究专著。本书紧紧围绕如何开展交通运输公共舆论引导工作这条主线，整理了舆论传播、舆论引导的基本知识、基本技能，内容丰富，文字简洁，通俗易懂，具有较强的可读性、操作性、针对性，是交通运输行业干部职工从事相关工作的实用参考资料。

本书得到了交通运输部有关司局、中国交通报社领导的悉心指导，得到了行业单位和媒体同行的倾力支持，人民交通出版社股份有限公司同仁也精心把关，得以付梓，殊为不易。公共舆论学、新闻传播学发展到今天，研究成果和理论专著堪称汗牛充栋，我国新闻舆论工作和媒体发展也积累了丰硕的方法和成果，在舆论生态格局快速变化、媒体深度融合发展的形势下，主编这本书的初衷是“补位”“补白”，力求“实用”“有用”，但受学术素养所限，书中难免存在诸多不足之处，恳请广大读者坦率批评指正，以便及时修改完善。

作　者<br>2021 年 7 月

# 目　　录

Contents


第一章　国内外公共舆论管理的理论与现状 …… 1

　第一节　西方学者对“公共舆论”的提出 …… 1

　第二节　我国学者重视对舆论的疏导和控制 …… 2

第二章　公共舆论引导的基本理论与方法 …… 4

　第一节　公共舆论引导的基本概念 …… 4

　第二节　公共舆论引导的方法类型 …… 12

第三章　交通运输公共舆论引导的特色及重要作用 …… 18

　第一节　交通运输公共舆论引导的概念与特征 …… 19

　第二节　现阶段交通运输公共舆论呈现的特点 …… 20

　第三节　交通运输公共舆论引导的重要作用 …… 23

第四章　我国交通运输公共舆论引导的成绩与不足 …… 27

　第一节　交通运输公共舆论引导取得的成绩 …… 27

　第二节　现阶段我国交通运输公共舆论引导存在的不足 …… 33

　第三节　对存在问题的原因分析 …… 44

第五章　新时代交通运输公共舆论引导的工作指针 …… 52

　第一节　准确把握新时代新闻舆论工作的总体形势 …… 52

　第二节　把握好新时代交通运输新闻舆论工作的总体要求 …… 54

　第三节　新时代交通运输新闻舆论工作的根本遵循 …… 56

第六章　新时代加强交通运输公共舆论引导的路径 …… 58

　第一节　夯实交通运输公共舆论引导的工作基础 …… 58

　第二节　明确交通运输公共舆论引导工作重点 …… 61

　第三节　健全交通运输公共舆论管理体制 …… 62

　第四节　提升交通运输新闻发布和信息公开水平 …… 64

　第五节　做好交通运输突发事件的宣传引导 …… 66

　第六节　加强交通运输公共决策与公共舆论的互动 …… 67

　第七节　增强有效掌控、利用媒体的能力 …… 69

结束语 …… 78

参考文献 …… 79

# 第一章　国内外公共舆论管理的理论与现状

时代是思想之田，实践是理论之源。顺应时代形势要求而形成的新思想，经过碰撞、提炼和升华，将会实现反映该时代本质特征的理论飞跃；在迈向新时代过程中孕育形成的新思想，经过碰撞、提炼和升华，也将会实现划时代的理论飞跃。习近平新时代中国特色社会主义思想内容丰富，包括一系列关于新闻舆论工作的重要讲话，系统构建了新时代中国特色社会主义新闻传播理论的基本框架，进一步发展了马克思主义新闻观。习近平总书记关于新闻舆论工作的一系列重要论述，为我们认识、理解、做好新闻舆论工作提供了理论依据和根本遵循。

当今时代，舆论环境、媒体格局、传播方式都在发生深刻变化，党的新闻舆论工作必须适应这种变化，应以马克思主义新闻观和习近平总书记关于新闻舆论工作的重要论述为指导，应用舆论引导理论，尊重新闻传播规律，创新方法手段，切实提高传播力、引导力、影响力、公信力。

## 第一节　西方学者对“公共舆论”的提出

公共舆论管理研究既是政治学、行政学的重要研究领域，也是舆论学、传播学、新闻学、法学、心理学、公共管理学等关注的重要问题。对于公共舆论，历来有两种基本的态度，一种是控制，一种是引导。近代以来，占主导地位的重言主义舆论观强调以引导为主。关于公共舆论引导的研究、论著很多，这些研究、论著多是综合两门甚至多门学科的理论成果进行交叉性研究、边缘化分析，在数量和质量上都已经取得了可观的成果。

西方政治学、传播学一直重视对舆论的关注和研究。但学界普遍认为，公共舆论是一个近代才有的概念，它和舆论有联系，但又存在明显区别。1762 年，法国思想家卢梭在他的《社会契约论》中，首次将拉丁文字体系中的“公众”(public)与“意见”(opinion)两个词汇联系起来，用以表达人们对于社会性的或者公共事务方面的意见，也就是“公共舆论”。1922 年，美国的沃尔特·李普曼(Walter Lippmann)的《公众舆论》(*Public Opinion*)出版，成为舆论研究的奠基之作，标志着舆论学的形成。从政治学角度来看，一方面认为舆论是权力的基础，几乎所有其他形式的权力都导源于它；另一方面又认为支配舆论是权力的重要形式和基本目标。进入现代社会，言论自由已经成为政治生活的基本原则之一，但影响公共舆论的宣传手段同步发展，形成传播学研究的重要内容。

对公共舆论进行引导是公共舆论研究的重要内容之一。从资产阶级登上历史舞台开始，一直到现在，以引导为主的重视公众言论的公共舆论观，在西方发达资本主义国家不断发展，并长期占据主导地位。国外学者在对公共舆论的本质特征、社会功能、要素、流程、形态和活动规律进行研究的基础上，认为公共舆论引导的基本方式是说服，并广泛认同 1950 年美国社会学家大卫·理斯曼(David Riesman)及其助手在其著作《孤独的人群》(*The Lonely*

*Crowd*)中提出的三种引导方式,即传统引导类型、内部引导类型、他人引导类型。

截至目前,较为成熟的公共舆论引导的重要理论主要基于传播学。其中最为重要的是美国传播学家麦克斯威尔·麦克姆斯(Maxwell McCombs)和唐纳德·肖(Donald Shaw)于1972年在《大众传播的议程设置功能》中提出的议程设置理论,其中心思想是认为公众通过媒介知晓事件或问题,依照媒介提示的角度进行思考,按照媒介对各种问题的重视程度来调整自己对这些问题重要性的看法,或者说媒介对某一事物的强调程度同公众对同一事物的重视程度构成正比关系。还有1974年德国传播学家诺埃勒-诺依曼(Noelle Neumann)提出的"沉默的螺旋"理论。她认为,人们在表达自己想法和观点的时候,如果看到自己赞同的观点,并且该观点受到广泛欢迎,就会积极参与进来,导致这类观点越发大胆地发表和扩散;而发觉某一观点无人或很少有人理会(有时会有群起而攻之的遭遇),即使自己赞同它,也会保持沉默。意见一方的沉默造成另一方意见的增势,如此循环往复,便形成一方的声音越来越强大,而另一方越来越沉默下去的螺旋发展过程。美国的康倍尔(Campbell)于1960年提出的"因果漏斗模型"认为,随着时间的推移,影响意见形成的许多因素也会逐渐减小自己的影响并让位给关键性的因素,最后只有很少的几种因素显示出它们在舆论形成中的决定性作用,这就是个漏斗状的过程。另外,哈贝马斯(Habermas)提出的交往行动理论、戴维森(Davison)提出的舆论发展的十阶段理论以及社会化和间接影响理论、选择性四要素理论等,都对公共舆论引导研究与实践产生了重要的影响。

## 第二节　我国学者重视对舆论的疏导和控制

在我国,从政治学角度进行的公共舆论引导直接研究并不多,有关公共舆论引导方面的研究最早、最为深入的都在新闻学和传播学领域。20世纪90年代以来,伴随着大众传媒的兴盛,特别是网络等新媒体在我国的迅速发展,舆论引导逐渐成为热点问题,引起了学界的重视和研究,并相继出现了"舆论导向""舆论调控""舆论引导""舆论管理"等不同的提法。虽然使用的概念不同,但共同的思想都是强调要用直接和间接的手段对舆论进行疏导和控制。

在此基础上,我国有关公共舆论引导的研究成果,有从政治学、行政学着手的,如王卓君的《公众舆论的政治社会学解析》、王景玉的《论政治沟通》、刘伯高的《政府公共舆论管理》等;有从政治学、传播学着手的,如朱颖的《新闻舆论监督与公共权力运行》、刘华蓉的《大众媒介与政治》、汪凯的《转型中国:媒体、民意与公共政策》等;而更多的是从舆论学、新闻学、传播学出发的,如韩运荣、喻国明的《舆论学原理、方法与应用》、刘建明的《天理民心——当代中国的社会舆论问题》、陈力丹的《舆论学——舆论导向研究》、程世寿的《公共舆论学》等。以上研究成果主要探讨大众传播与公共舆论的关系、政府与新闻媒体的关系、新闻舆论监督等。

需要说明的是,除了程世寿的《公共舆论学》外,这些成果并不特别强调舆论与公共舆论的差别。因此,对于舆论引导与公共舆论引导的研究差别也并不明显。

国内学者在总结我国历代提出的"民监论""和同论""防川论"等以引导为主的舆论观的基础上,参考研究了西方社会(特别是当代西方社会)的公共舆论引导研究成果后认为,公共舆论引导是"社会主导者通过传播特定的评价信息影响社会公众对公共事务的关注与评价,使公共舆论朝着社会规范和道德准则的方向发展"❶。从公共管理的研究角度看,公共舆论引导的主体是社会主导者,即政府、政党和各种社会组织,客体是社会公众,内容是公众对公共事务的关注和评价,目的是实现政府的行政目标。

鉴于我国的政治制度、新闻传播和媒体发展的特点,国内学者对公共舆论引导的研究起步比较晚,还没有形成有影响力的系统理论,更多的是停留在对西方公共舆论引导理论的实践应用型研究方面。

总之,公共舆论及其引导的研究经过近百年的发展,成果颇丰。但是,梳理国内外的公共舆论引导研究成果,找到结合某一专门行业而进行公共舆论研究的资料非常困难。截至目前,尚未发现关于交通运输公共舆论引导的针对性、系统性研究成果,这给公共舆论引导研究延伸到特定的行业、领域造成了一定的困难,但也为本书所关注、研究的问题的解决提供了较大的发挥空间。

本书对新时代交通运输公共舆论引导进行研究的目的在于:以马克思主义立场、观点、方法为指导,广泛汲取公共管理学、新闻学、传播学、舆论学及其他学科、领域的研究成果,结合21世纪以来特别是党的十八以来交通运输发展实际和任务目标,对公共舆论引导的基本理论、发展背景、存在问题及解决对策进行深入研究和探讨,探索建立能够有效管理公共舆论的交通运输公共舆论引导体系。

❶ 程世寿. 公共舆论学[M]. 武汉:华中科技大学出版社,2003.

# 第二章　公共舆论引导的基本理论与方法

公共舆论引导是一门实践性很强的艺术,也是一门需要理性思辨的艺术。做好交通运输公共舆论引导,需要我们认真掌握新闻舆论和媒介传播的基本理论和基本方法,特别是要把握规律性、体现创造性、反映时代性,敢于变革、善于总结,在理念、内容、体裁、形式、方法等方面不断创新,讲方法、讲力度、讲效果,从而针对不同的舆情应用不同的引导方法,持续努力提升公共舆论引导的能力和水平。

## 第一节　公共舆论引导的基本概念

关于舆论引导,新闻学、舆论学、传播学甚至社会学、心理学都有大量与之相关的不同理论假设,我们要重点掌握几个常见的重点理论概念,并在实践中加以应用。

### 一、议程设置

议程设置(agenda setting)是探讨如何引导公众形成舆论或影响改变已有舆论的理论,是大众传播媒介影响社会的重要方式。议程设置理论的核心观点是:大众传播媒介在一定阶段内对某个事件和社会问题的突出报道会引起公众的普遍关心和重视,进而成为社会舆论讨论的中心议题。

议程设置的基本思想最初来自李普曼1922年在其经典著作《公众舆论》中提出的观点:“新闻媒介影响‘我们头脑中的图像’”,这成为议程设置理论的雏形。1963年,伯纳德·科恩(Bernard Cohen)提出了对“议程设置”最有影响力的表述:“在多数时间,报界在告诉它的读者该怎样想时可能并不成功;但它在告诉它的读者该想些什么时,却是惊人的成功”,这清楚地指出了媒介的议程设置功能。1968年,美国的麦克姆斯和肖对李普曼的思想进行了实证性研究,通过对1968年美国总统选举期间传播媒介的选举报道对选民的影响进行调查分析,于1972年在《舆论季刊》上发表了论文——《大众传播的议程设置功能》,其核心观点是:大众媒介注意某些问题而忽略另一些问题的做法本身就可以影响公众舆论,而人们一般倾向于了解大众媒介注意的那些问题,并采用大众媒介为这些问题所确定的优先次序来确定自己对这些问题的关注程度。他们的研究标志着一个新的传播效果理论——“议程设置理论”的诞生。这个理论分为两个方面:一个方面是议题从媒介议程向公众议程的传播过程,另一个方面是公众在头脑中形成这些议题和对象时新闻传播媒介所起的作用。

美国学者沃纳·塞佛林(Werner J. Severn)和小詹姆斯·坦卡德(James W. Tankand)在其《传播理论:起源、方法与应用》(*Communication Theories: Origins, Methods, and Uses in the Mass Media*)一书中,对议程设置理论提出了较为理性的认识,认为“媒介的议程设置功能就是指媒介的这样一种能力:通过反复播出某类新闻报道,强化该话题在公众心目中的重要程度。”而在中国学者郭庆光教授的《传播学教程》一书中,他认为议程设置的中心思想是:大众传播具有一种为公众设置“议事日程”的功能，传媒的新闻报道和信息传达活动以赋予各种“议题”不同程度的显著性的方式，影响着人们对周围世界的“大事”及其重要性的判断。

根据麦克姆斯和肖的研究，媒介的议程设置效果还要看公众与媒介的接触频率、公众对媒介的需要程度、当时人际交流的情况以及不同公众的兴趣等因素的影响。而且，人际交流和亲身观察以及很多具体情况也会增大或减弱媒介议程设置的效果。另外一些学者通过研究发现，时间在媒介的议程设置中也是一个重要的因素，媒介议程设置的效果并不是立即出现的，一般都是在新闻报道几周之后才出现的。同时，公众对信息的接受量一般是有一定限度的，过多的议程往往会削弱媒介议程设置的效果。麦克姆斯和肖的一项研究发现，公众的议事日程中不能超过 5 ~7 个议题，否则受众就会忽略很多媒介认为重要的议题。

议程设置理论作为大众传播的宏观社会效果研究的热点课题一直得到发展和丰富。议程设置理论就是媒体议程影响公众议程，公众议程影响政策议程。一般而言，议程设置功能是一个分成三部分的线性过程：首先，必须设定媒体中将要被讨论的问题的轻重缓急，即媒体议程；其次，媒体议程在某些方面影响公众观念或者与之发生相互作用，即公众议程；最后，公众议程在某些方面影响政策制定者所重视的事物，或者与之发生相互作用，即政策议程。舆论导向正确的重要性也可由此证明。

在网络媒体兴起前，传统媒体（报纸、广播、电视）在社会传播中占据主要地位，传统媒体议程也对公众议程和政策议程产生着巨大影响。但是，随着互联网的飞速发展，网络作为新媒体已经成为信息传播的重要载体。网络传播相对于传统媒体而言，具备“渠道容量丰富性”“实时性”和“多元互动性”三个特性。网络受众可以自由地选择信息和表达观点，既是传播者又是接受者。同时，以头版或头条形式出现的传统媒介的议程设置功能在网络上也不再那么明显。因此，很多学者认为，在网络传播中媒介的议程设置功能将会弱化。

## 二、“沉默的螺旋”

“沉默的螺旋”（the spiral of silence）指的是这样一种现象：对于一个有争议的议题，人们就会形成有关自己身边“意见气候”的认识，同时判断自己的意见是否属于“多数意见”，当人们感觉到自己的意见属于“多数”或处于“优势”的时候，便倾向于大胆地表达这种意见；当发觉自己的意见属于“少数”或处于“劣势”的时候，遇到公开发表的机会，可能会为了防止“孤立”而保持“沉默”。越是保持沉默的人，越是觉得自己的观点不为人所接受，越倾向于继续保持沉默。几经反复，便形成占“优势”地位的意见越来越强大，而持“劣势”意见的人发出的声音越来越弱小，这样的循环，形成了“一方越来越大声疾呼，而另一方越来越沉默下去的螺旋式过程”。

“沉默的螺旋”理论基础主要来源于心理学、大众传播学和社会学。该理论最早见于诺埃勒-诺依曼 1974 年在《传播学刊》上发表的一篇论文。1980 年以德文出版的《沉默的螺旋：舆论——我们的社会皮肤》（*The Spiral of Silence：Public Opinion—Our Social Skin*）一书，对这个理论进行了全面的概括。“沉默的螺旋”来源于这样一个事实：1965 年德国阿兰斯拔研究所对德国大选进行了研究。在研究过程中，两个政党在竞选中并驾齐驱，第一次估计的结果是两党均有获胜机会。然而 6 个月后，即在大选前的 2 个月，基督教民主党与另一个党获胜的可能性是 4∶1。这对基督教民主党在政治上的胜利期望升高有很大的帮助。在大选前的最后两周，基督教民主党赢得了4%的选票，社会民主党失去了5%的选票。在1965年的大选中，基督教民主党以领先9%的优势赢得了大选。这一年大选带来的困惑和对它的解释逐渐发展为“沉默的螺旋”的概念。

“沉默的螺旋”理论基于这样一个假设：大多数人会力图避免由于单独持有某些态度和信念而被孤立。因为害怕孤立，他便不太愿意把自己的观点说出来。如果这个过程有大众媒介参与，螺旋效应往往形成得更快、也更明显。

“沉默的螺旋”理论试图揭示出大众传播媒介在形成或引导舆论方面所起的作用以及舆论的形成机制。但是，当网络作为一种新兴媒介进入人们的生活时，人们却发现，网络传播的兴起给传统的大众传播媒介带来了冲击，也给传统大众传播理论提出了新的课题。

网络传播环境首先给舆论的形成带来了困难。根据诺埃勒-诺依曼的“沉默的螺旋”的假设，舆论的形成与大众传播媒介营造的意见气候有直接关系。因为大众传播有三个特点：多数传播媒介报道内容的类似性——由此产生共鸣效果；同类信息传播的连续性和重复性——由此产生累积效果；信息到达范围的广泛性——由此产生遍在效果。这三个特点使大众传媒为公众营造出一个意见气候，而人们由于惧怕社会孤立，会对优势意见气候采取趋同行动，结果造成“一方越来越大声疾呼，而另一方越来越沉默下去的螺旋式过程”。

尽管这一假说过分夸大了人的从众行为和趋同心理的作用，但它在一定程度上反映了大众传播媒介对舆论形成所起的重要作用。但是，在网络传播环境中，尽管大众传播媒体的几个特点仍然存在，但与过去相比，传播的整个结构发生了巨大的变化。网络传播的出现，使得其他传播方式有可能借助网络这个平台，对更大范围的受众产生更深刻的影响，传统的大众传播媒介对舆论的影响力也由此受到一定削弱。随之而来的，可能是过去相对明朗的意见气候会变得更加错综复杂。

另外，在网络传播过程中，受众具有匿名性，人的心理状态会更接近他的“本我”。在传统社会环境中的恐惧心理已经被一种“无所谓”的心理代替，而且，受众不需要对自己的言行负任何责任，因此，就基本不存在“自己的意见”和“公开的意见”矛盾的问题。但是受众对网上意见的认知，会发生比在现实社会中的认知更大的偏差。受众通常与自己意见相同的人结成讨论小组，从而会在较大程度上将自己的意见视同为其他人的意见。此外，网络时代被认为是一个尊重个体的时代，更认同人们个人意见的表达与个性的发展，所以相对来说，传统的从众心理可能会表现得较弱一些。

因此，在网络传播时代，“沉默的螺旋”理论面临着新的环境条件，面临新的问题，需要深入研究新现象，并作出新的解释。

### 三、培养理论

培养理论（cultivation theory）也称培养分析或教化分析、涵化分析。

20世纪六七十年代，美国传播学者格伯纳（Gerbner）等人开始进行一系列有关电视暴力内容的研究，除了对电视暴力进行内容分析以外，评估电视对受众态度的影响，最终创建了“培养理论”。

培养理论的核心观点是：大众传播媒介在潜移默化中培养受众的世界观。例如，接触大量电视暴力节目的受众，对遭受暴力攻击可能性的估计远高于实际，也高于少接触或不接触同类节目者。这就用实际的案例证实了媒介的长期效果。就对受众世界观、价值观的影响来说,媒介具有正反两方面的效果。一方面,如果媒介对客观世界进行客观的、真实的、全面的反映,提供给受众正确的信息,就可以对培养受众健康全面的世界观、价值观有积极作用。另一方面,如果媒介对客观世界进行了偏颇的描述,就会歪曲人们对客观世界的认识,从而促使受众形成不正确的世界观、价值观。

综观历史和当下,许多新闻媒介因经济利益的驱使等,对客观世界的报道带着一定程度的偏向性。比如媒体曾经在一段时间内对城管人员暴力执法问题进行集中报道,使受众对城管执法者产生负面的刻板印象,从而对这一管理群体产生负面认识,甚至影响到了人们对于必要的城市秩序维护的认知和有效的城市管理的认可。托马斯公理认为,如果人将某状况作为现实把握,那状况作为结果就是现实。人们对城市管理持怀疑态度,可能会反过来刺激更多的犯罪行为和心理问题,给社会增添不安定因素。因此,我们应当合理借鉴培养理论的这一观点,重视新闻媒介在建构人们世界观和价值观以及具体见解中的作用和任务。首先,要把新闻真实性摆在第一位,不仅要新闻事实本身真实,还要求一系列的新闻事实作为一个整体的真实和细节的真实。其次,要注意平衡报道,始终坚持正面报道为主。也就是要把新闻真实性置于宏观背景下去考量,使受众获得对客观世界的积极正确的认识。

包括报纸、电视在内的新闻媒介具有形而上的上层建筑属性,与一定时期内的政治经济制度和生产力发展状况相适应,从本质上说具有阶级性。因此它势必会维护既有的社会模式和规范,而不是去摧毁它。这从世界各国的媒介实践中都得到了证实。伊拉克战争爆发后,美国国内新闻媒介一边倒地支持布什政府的单边主义,就是明证。在我国,新闻媒介以宣传党的路线方针政策为己任,并大力宣传和贯彻社会的主流价值观和道德律,从而促进社会稳定。新闻媒介的这一功能无谓正面还是负面,关键还在于社会行为模式本身的正确与否。

然而,在促进社会变革方面,新闻媒介并非无所作为。在社会动乱年代,媒介宣传变革、启蒙民智的作用就表现得十分明显。如我国近代史上的几次办报高潮,促使当时的许多报刊在既有社会模式的环境下发展起来,但是它们却提出了截然不同的社会行为模式,那就是通过改良或社会革命改变社会既有行为模式。在我国改革开放进程中,媒介在倡导新的社会行为模式方面,也发挥了不小的作用。在实践中,我们要利用新闻媒介促进社会稳定,同时媒介也应成为改革与发展的宣传者与排头兵。

培养理论学派还提出"主流效果(mainstreaming)"和"回响效果(resonance)"理论。主流效果是指:理应多样化的价值观,因接触电视而变得与电视所呈现的意见主流相似。这与"沉默的螺旋"理论不谋而合。电视作为大众传播媒介,代表并引导社会主流舆论,从而使公众意见趋于一致。这一理论应为新闻媒介所利用,用以积极引导主流舆论。"回响效果"理论指当电视世界的经验与个人经验趋于一致时,培养效果会如同空谷回音一样显著扩大。这又与选择影响理论有异曲同工之妙。这就要求新闻媒介的报道与宣传应极力贴近实际、贴近社会、贴近群众,这样才能使媒介效果达到最大。

**四、知识沟**

美国传播学者蒂奇纳(Tichenor)、多诺霍(Donohue)和奥里恩(Olien)在1970年发表的

《大众传播流动和知识差别的增长》一文中提出了“知识沟假设(knowledge-gap hypothesis)”,认为随着大众传媒向社会传播的信息日益增多,处于不同社会经济地位的人获得媒介知识的速度是不同的,社会经济地位较高的人将比社会经济地位较低的人以更快的速度获取这类信息。因此,这两类人之间的知识差距将呈扩大而非缩小之势。

对知识沟假说持相反观点的艾蒂玛(Ettema)等人于1977年提出了“上限效果”假说,认为大众传播带来的是知识沟的缩小。

除了接触媒介和学习知识的经济条件外,蒂奇纳认为,还有五个因素是造成“知识沟”扩大的原因。第一是传播技能上的差异:受教育程度高的人具有较强的理解能力和较大的阅读量,这有助于他们对公共事务或科学知识的获取。第二是知识信息储备上的差异:从先前的大众传媒和正规教育渠道得来的知识越多,即见多识广的人,对新事物、新知识的理解与掌握就越快。第三是社会交往方面的差异:教育通常意味着日常行动圈子较大,参与更多的社会团体,人际交往更多,由此扩大了与他人讨论公共事务话题的机会。社交活动越活跃,交往的范围越广,获得知识信息就越快、越多。第四是对信息的选择性接触、接受、理解和记忆方面的差异:对信息的选择性接受和记忆,可能是态度与受教育程度综合作用的结果。大众媒介的研究发现,人们往往以符号(既有信仰又有价值观)的方式解释记忆信息。也就是说,个人生活的水准、层次与大众传媒的内容越接近,对媒介的接触和利用程度就越高。第五是发布信息的大众媒介系统性质上的差异:传播有一定深度的关于公共事务和科学知识的媒介主要是印刷媒介,其受众主要集中于高学历阶层。这与当今的广告不同,科学知识、公共事务和新闻一般重复较少,而重复有利于社会地位低的人群对话题的学习与熟悉。

“知识沟理论”认为,在操作上,知识沟假设至少可以用以下两种方式表达:第一,经过一段时间,文化程度高的人,对媒介大量报道的话题的获取速度,比文化程度低的人快;第二,在特定的时间里,经媒介大量报道的话题知识获取与教育程度的相关性,比未经大量报道的话题高。

“知识沟理论”认为,当上述五大因素中的一个或多个因素起作用时,社会经济地位高的阶层都处在有利的地位,这是造成“知识沟”不断扩大的根本原因,“知识沟”也就尤为明显。因此,当大众媒介流量继续增加时,传播技能、知识储备、社会交往、态度性选择都在一定程度上发挥作用,“知识沟”也随之加深。

日本学者儿岛和人认为,在社会信息化过程中,“知识沟”的存在是一个事实,它不仅表现在贫富阶层之间,而且会广泛地表现在性别、年龄、职业、行业、群体、地区、民族、国家以及文化之间。

1974年,N.卡兹曼(N. Katzman)就着眼于新传播技术的发展,提出了他的“信息沟(information gap)”理论。信息沟理论认为,新传播技术所带来的整个社会的信息接触量的增大,这对每一个社会成员来说都是如此。新技术的采用所带来的利益并非对所有社会成员都是均等的。与人的能力相比,计算机等机器的信息处理和积蓄能力要强大得多;既有的信息富裕阶层通过早期采用和熟练使用这些先进技术,能够比其他人更拥有信息优势。新媒介技术层出不穷,更新换代周期越来越短,其趋势更可能是“老沟”未能填平,而“新沟”又不断出现。

互联网使用对于人们的知识获取有更大影响。在互联网广泛普及的今天,有关政策应对互联网使用予以更多关注。此外,就传播理论而言,知识沟一方面可被视为是数字鸿沟研究的一个方向,是一个介于接入沟、使用沟和其他社会不公之间的中间变量;另一方面,借助于对数字鸿沟的研究,知识沟研究亦有了不断发展的潜能,在各种影响知识沟的因素之中,新媒介技术成为一个显著影响和形塑知识沟的变量。在这样的意义上,可将数字鸿沟理论与知识沟理论贯通起来。

## 五、舆论领袖

舆论领袖有时也称意见领袖。大众传播往往是通过人际关系来影响受众,发挥改变受众态度和行为的效果。其内容基本上是由大众传媒流向舆论领袖,然后由他们传向他们想要影响的人们。舆论领袖既是受众中的一部分,同时又能够影响一部分受众。舆论领袖在传播过程中的特殊地位,决定其具有十分巨大的影响力。

保罗·拉扎斯菲尔德(Paul Lazarsfeld)在《人民的选择》(*The People's Choice*)中,最早对意见领袖作出定义:意见领袖是大众传播中的信息中介,人际传播中的活跃分子,是经常为受众提供信息、观点、建议并对他人施加影响的人物。在拉扎斯菲尔德等人所建立的"二级传播论"中,舆论领袖是一个核心概念。他们认为,人们所认识和信赖的人,往往跟他们有相同的社会地位,被认为具有某些专长,并对某些问题见解深刻。这类人就是所谓的舆论领袖。舆论领袖能够向人们提供建议和解释,改变他们的态度和影响他们的行为。与社会正规组织的领导人物不一样,舆论领袖是非正式的领导,给人出谋划策,其影响力常常比大众传媒更大。

舆论领袖不同于选举产生或行政任命的领导者,他们与舆论所涉及的社会领域相联系。有人是公共事务方面的舆论领袖,有人是流行趋势方面的舆论领袖……在某一个领域是舆论领袖的人,在另一个与此无关的领域中不一定还能成为舆论领袖。在群体中,谁领导,谁追随,关键在于涉及的问题是什么。

互联网的迅猛发展,为网络舆论领袖的兴起提供了广阔的空间。他们借助互联网自由、互动、开放的传播特点,将之作为传播观念、表达主张、影响公众的"主阵地";通过在一些重大公共事务中积极批判现实、发出质疑,与网民、媒体之间形成互动,产生影响。网络舆论领袖呈现出一些新的特点。

一是,舆论领袖的社会附加属性被淡化。传统传播模式中舆论领袖的生活阅历、社交性和社会经济地位这两种社会给予的附加属性应作为两项必备的指标。但网络的匿名性使舆论领袖失效,同时让产生舆论领袖的范围扩大了。但这并不意味着成为舆论领袖的"门槛"有所降低。

二是,舆论领袖及其追随者之间具有更大的异质性。主要表现在舆论领袖的影响范围扩大了。网络具有开放性,使得参与其中的人不会受地域、社会方式、地位背景等因素的限制,具有了很大的差异性,这决定了他们及他们所传播的信息的异质性。这从根本上导致了网络舆论领袖影响力范围的扩大,"蝴蝶效应"一触即发。

三是,舆论领袖地位确立的快捷性和不稳定性。网络信息传播的快捷性使得网络舆论领袖的言论、观点有可能在较快的时间内传播开来并形成规模,地位的确立有"捷径"可走。

但这样的方式形成的舆论领袖如果不能在长时间里持续传递有价值的信息和观点，很容易“昙花一现”。同时，由于网络上信息和人才的丰富性，加之“快餐”式的信息消费模式，导致舆论领袖追随者们的注意力很容易被转移，从而使舆论领袖的地位受到威胁。这都使网络舆论领袖具有了极大的不稳定性。

四是，舆论领袖“信息传递者”的角色被弱化。在互联网时代，通过搜索引擎等技术，受众可以轻而易举地直接获得任何所需要的信息，以致网络舆论领袖传递信息的作用被大大地削弱。他们的影响力更多地体现在信息分析、观点引导和态度示范的作用上。

五是，舆论领袖观点传播的低噪性。在网络中，网络舆论领袖的观点是通过文字、图像等文本形式来进行传播的，很大程度上保证了网络舆论领袖的观点在传播过程中的不失真。因此很容易在这种双向的沟通中获得消解。这样能将网络舆论领袖观点传播的噪声降至最低。

六是，舆论领袖的观点更具客观性。网络信息传播方式的扁平化，让舆论领袖与更多的其他群体成员处在了同一个大的语言环境中，促成了他们之间更密切的交流和互动。这些群体成员通过互动和交流又成了舆论领袖社会化的参照。也就是说，网络的平权性和及时性使得网络受众并不仅仅甘于对舆论领袖“俯首称臣”，他们更喜欢的是“对话式”和“讨论式”地在交流与分享过程中接受舆论领袖的观点。这便给网络舆论领袖提供了充足的反馈信息用来进行自我的调整，使他们的观点能够综合各方的声音而更具客观性。

## 六、第三人效果

1983 年，美国哥伦比亚大学新闻学与社会学教授戴维森在《舆论学季刊》发表题为《传播中的第三人效果》(*The Third-person Effect in Communication*)的论文。他认为，人们在判断大众传媒的影响力之际存在着一种普遍的感知定势，即倾向于认为大众媒介的信息对“我”或“你”未必产生多大影响，然而对“他”人产生不可估量的影响。由于这种感知定势的作用，大众传播的影响和效果通常不是在传媒指向的表面受众中直接发生的，而是通过与他们相关的“第三人”的反应行为实现的。戴维森把这种现象或这种影响机制称为“第三人效果”。

“第三人效果”基本观点认为，它指的是一种普遍的感知定势，即在评价大众传播的影响之际，通常会认为最大效果不是发生在自己身上，而是发生在“他人”身上。这意味着人们在判断大众传播的影响时存在双重标准：倾向于“高估”媒介传播对他人的影响而“低估”对自己的影响。

“第三人效果”也是一种说服或宣传技巧，类似于“声东击西”“欲擒故纵”“围魏救赵”“项庄舞剑，意在沛公”等成语中所蕴含的操控谋略。追求“第三人效果”的说服性传播，定位的致效人群并不是作为内容对象的“表面受众”，而是与他们相关的“第三人”。

“第三人效果”指的也是大众传播现实影响的一种发生机制。在许多时候，对大众传播内容产生实质性反应的，往往不是“表面受众”，而是他们的相关者。

新媒体的传播与传统媒体有很大不同，对其恰当的运用和引导有助于在一定程度上消减“第三人效果”。从“第三人效果”作用机制的三个环节加以考量可以看到，由于新媒体的运用，影响“第三人效果”的因素在不同程度上发生了改变。在“第三人效果”中影响个人认知和行为的因素主要有个人对信息的认识、个人特质以及社会距离，而这三者会随着新媒体的使用而发生变革。

在以往的大众传播时代，媒体和受众的互动受限，信息传播更容易被理解为宣传、劝服，并且受到地域限制，信息的下达率降低，权威信息的影响力会被削弱，因此会加剧第三人效果。

新媒体的使用，一方面为权威信息更快、更直接地到达受众提供了便利，另一方面加强了媒体与受众的互动，有助于消除传播隔阂。况且，受众之间也可以进行沟通交流，从而减少自己的“盲目乐观”。

在传统大众传播时代，报纸、电视这些媒体是公众的主要信息来源。如果公众对大众媒介的信息存有质疑，而公众自己寻求真相的渠道又比较少，那么流言就可能产生蔓延。新媒体出现后，公众主动探求信息更加方便，目前，类似“知乎”“百度知道”“悟空问答”等问答平台非常活跃，越来越多的人在遇到问题时，喜欢通过网络寻找答案，这就提高了公众科学认知事物的能力。比如说新闻反转，大众在一次次的新闻反转中提高了自己的媒介素养，对信息不再妄下定义，往往是等待当事双方的陈述都出来之后再做判断，而不是只听一面之词。新媒体上面的媒介素养的训练，给第三人效果中的公众特质带来较大影响，大众也在不断进步，对于各类谣言、抢购风波等典型的第三人效果事件，人们的态度也是在向积极的方面转化。

在传统大众传播时代，受众之间的交流更多是在亲朋好友这些有地理接近性的人群之中进行，陌生人之间的互通信息很少，人与人之间的不了解容易造成误判，产生传播隔阂。新媒体的出现让交往冲破了地理限制，陌生人之间的意见表达更加容易，因此借助新媒体可以消除隔阂，减少受众对“第三人”的误判。

## 七、舆论形成阶段

舆论阶段划分法是略去舆论形成过程中某些千差万别的细节，试图把握具体的舆论产生、形成、发展、消失过程中的某些可以观察到的转折性特征，并据此划分舆论形成的阶段。

1928 年，克莱德·金在为格雷夫的《阅知舆论》一书所写的前言中指出，舆论形成有以下四个阶段：①公众对一件事产生不满，相信可以通过团体行动对此加以匡正；②公众的不满普遍地表达出来，意识到他们的共同需要；③公众通过报纸进行议论和争辩，问题被具体化；④权力组织进行判断和决策。

1958 年，戴维森在他的著作中描述了舆论形成的八个阶段：①在个人交流中提出问题；②讨论普遍化，问题引起大众的思考；③社会团体注意到这个问题；④党派领袖阐明这个问题；⑤大众传播媒介和专业机构介入这个问题所涉及的领域；⑥有关这个问题的思想被简单化并在公众中得到普及；⑦舆论可能出现，也可能不出现。在这里，舆论是指一个大的个人集合体的意见。这些个人互不相识，但他们对同一问题作出反应，期望其他人在这个问题上也表现出类似态度；⑧公众中更多的面对面的讨论开始了，公众通过个人接触和相互作用，开始解决这个问题。

我国舆论学研究者刘建明在 1988 年出版的《基础舆论学》一书中，把舆论形成划分为：①个人意见阶段；②舆论圈出现融合阶段；③舆论领袖指导阶段；④获得权威性阶段，即舆论在社会中产生指导作用。获得权威性标志着舆论已经形成。

因标准、重点不一,舆论形成阶段的划分各有不同,不一一列举。

### 八、其他重要概念

1. 拟态环境

拟态环境或称似是而非环境,是指大众传播活动形成的信息环境并不是客观环境的镜子式的再现,而是大众传播媒介通过对新闻和信息的选择、加工和报道,重新加以结构化以后向人们所提示的环境。此观点最早由李普曼在《公众舆论》一书中提出。

2. 交往行动

德国最负盛名的社会学家、哲学家和思想家哈贝马斯在其著作《交往行动理论》中提出,行动者使用语言或非语言符号作为理解其相互状态和各自行动计划的工具,以期在行动上达成一致。相互理解是交往行动的核心,而语言具有特别重要的地位。基于该理论,舆论引导主体要与公众达到意见一致,最有效的方法就是双方的合作与理解。

3. 间接效果

间接效果是大众传播对受众产生效果的形式之一,即传播效果不是直接产生的,而是通过其他形式或借助中介反映出来的。例如,某人在媒体上看到了关于美容或减肥产品的一则广告,当时并没有引起注意,即传播没有在其身上产生直接效果。后来,当她从朋友那里(可能是舆论领袖)得知这款产品有神奇功效时,也决定去购买,于是这则媒体的广告便通过一个中间环节在其身上发生了作用。在一般情况下,大众传播往往要通过舆论领袖、二级或多级传播等许多中间环节才能产生间接影响和效果。

## 第二节　公共舆论引导的方法类型

引导公共舆论的具体方法根据所依据理论假设不同,分为多个类型。做好交通运输公共舆论引导工作,要在深刻理解新闻舆论传播相关理论的基础上,熟练掌握、灵活运用舆论引导的基本方法和常用具体方法。

### 一、说服法

公共舆论引导的出发点绝不是左右舆论或者误导公众,而是在舆论的形成发展中,少一些捕风捉影、多一些事实真相,让公众少一些盲目从众、多一些独立思辨。为达到这个目标,公共舆论引导有个最基本的方式——说服,即舆论引导主体通过对社会公众进行说服,改变舆论或者巩固原有舆论,扩大有利于自己的舆论的影响力。

说服包含两层含义:一是指按照舆论相关信息发布者的要求,让受众对象自愿地改变认知、态度或行为;二是指通过传递文字、图片、声音、图像等各类舆论相关信息,有意识地对受众对象的思想行为施加影响。

美国学者霍夫兰德(Hovland)等人在1959年提出了一个态度转变的模型——说服模型。霍夫兰德认为,说服是引起人的态度改变的有效途径,即通过给予一定诉求,引导接受者的态度和行为趋向于劝说者的预定方向。他把说服看作是信息交流的过程。说服模型着重分析了影响态度改变的四个关键因素——沟通者、沟通本身、接受者及沟通情境。①沟通者——信息源(source)。沟通者是最主要的信息源。沟通者的专业性、权威性、可靠性、吸引力等因素都会影响态度改变的效果。②信息传递方式。在沟通过程中,信息的安排与选择、信息的情绪特征(恐惧唤起)、信息的呈现方式(包括单方面呈现或双方面呈现)、信息传递途径等都会影响说服效果。③目标对象——接受者。被说服者身上的某些特征会影响说服的效果。一是被说服者的人格;二是被说服者的心境。此外,被说服者的卷入程度、自身的免疫力以及认知需求、自我监控性和年龄等个体差异也都会以某种方式影响说服的效果。④沟通情境。说服过程是在一定的背景条件下和特定的情境中进行的。这些背景或情境因素,对说服效果也有着重要的影响。

霍夫兰德的说服模型指出,说服有态度改变和态度未变两种后果,而说服对象态度的改变与否与说服对象态度中的情感成分密切相关。

在说服的过程中,对公众的影响分为两个阶段,第一阶段是接受者产生内在心理活动的阶段。首先是对舆情信息的注意度,其次是理解力,最后是接受度,这一阶段会受到个体的选择性接受及不同形态舆论的影响。第二阶段是公众的态度发生改变的阶段。这一阶段又分四个程度:表面态度变化—认识变化—感情变化—行为变化,由易到难,当公众对某个问题、事件、人物等产生感情的变化后,自然而然就会在行为上转变,舆论引导也就实现了终极的目的。

当然,说服绝对不是灌输,而是个互动的过程,我们在进行交通运输公共舆论引导时,在说服的过程中,特别要注意唤起公众参与传播的意识,多采用双向交流、互动沟通的方式,用公开透明消除误会偏见,用真实真诚求得理解支持。

## 二、设置议程法

经过理论研究与实践证明,议程设置具有显著的舆论引导功能。在媒体融合发展的新形势下,各类媒体特别是移动互联网新媒体,通过有选择性地新闻报道和发布,影响或者强化社会公众对于何为当前最重要信息或事件的感觉或认知。在媒体的议程和社会公众的议程之间存在着清晰的因果联系,媒体的优先议题经过一段时间必然会成为社会公众的优先议题。从国内到国外,权威的报纸、电视台、电台、通讯社甚至能够为众多较小的媒体特别是自媒体设置议题,从而在全社会形成对某种舆论的完全主导。所以,在当前形势下,我们要注重借助党报、党刊和电视、广播,主流网站、新媒体,或在某个专业领域、某个社会群体有较大影响力的媒体,开展议程设置,引导公众议程。

应用议程设置理论开展公共舆论引导,要关注热点、问题、理论三方面的议程设置重点内容,综合运用直接导向、选择导向、渗透导向三种议程引导方式。

议程设置要有“制造热点”的意识。与交通运输相关的热点,往往与人民群众的利益密切相关,在一定的时间段内,社会公众非常关心。这些热点导向何方,要看议题的设置方向。交通运输部门要主动抛出媒体感兴趣的“热点”问题,引导公众关注、讨论,在此过程中形成对热点的理性认识和正确态度。

议程设置要有“抛出问题”的勇气。公共舆论引导不能回避问题,更不能“视”而不见、置若罔“闻”。交通运输部门作为交通运输公共舆论引导的主体，更是可以在公众面前主动亮出问题，无论这个问题是客观存在的，还是有可能发生的，或者是故意设置的，都要努力让这个问题成为公众议论、思辨的焦点，让全社会建言献策，从而促进问题的解决。

议程设置要有“理论输出”的能力。我们的党和政府拥有很高的政治权威，有影响力大、指导性强的各种理论，交通运输行业发展的政策、理念、规划、路径，都是在党的理论指导下的具体实践，交通运输主管部门要通过主动设置公众议题，通过持续的评论或专家解读文章，让媒体公众接受、理解、支持。

议程设置引导舆论通常应用三种导向方式。一种是直接导向，通过利用大众传播媒体或直接以发文件、作报告等形式发表言论，直接陈述自己的观点，批驳其他与自己意见相悖的舆论，试图改变某个人或某个群体的观点，这是政府部门常用的引导方式，却也是较为传统的议程设置手段。一种是选择导向，选择导向是以隐蔽的手法表达自己舆论倾向，用截流事实的办法引导公众，即选择发布大量能自证自己舆论正确的事实，同时回避甚至封锁不利于自己舆论的事实，这是一种风险度较高的引导方式，因为一旦某些不利的事实泄露，将会让舆论产生巨大的“反转”。还有一种是渗透导向，这是一种自主操控舆论的方式，让主动发布传播的信息提前引发预计可能发生的公共舆论。

## 三、社会控制法

公共舆论引导中的社会控制方法主要是基于“沉默的螺旋”理论。根据这个理论，大多数公众倾向于先观察舆论环境，适当权衡一段时间之后，才会就某个话题发表观点意见。这就说明，由人际传播、大众传播等造就的、业已出现的舆论环境对于新的舆论的形成会产生比较大的社会控制力量。就目前而言，报纸、电视、新闻网站等主流大众传播媒体是让公众感受最直接的负载舆论环境的力量。因为大众传播媒体在舆论引导的过程中，拥有较为强大的控制舆论的机制。舆论引导主体或大众传播媒体都会经常利用这种机制，引导公共舆论向某一个方向发展，也就是我们通俗表述的“造舆论”“造声势”。

在具体引导过程中，我们强调的正面报道为主就是一种常见的思路。因为就我们的公共舆论引导目的而言，是希望公共舆论朝着符合社会规范、公序良俗、法律法规的方向发展。迫使负面的舆论越来越沉默下去，难以公开表达，正面舆论占据高点优势，从而实现正确引导公共舆论的目的。

当然，“沉默的螺旋”也告诉我们，公众公开发表的意见可能并不是公众自己的观点，有时表面上舆论相当一致，总体表现也比较平稳，但社会意识和舆情信息交流方面很可能会潜伏着某种危机，并不利于社会的长久稳定。这就可以解释，一些媒体公开表达的意见比较一致，但公众私下里似乎并不十分信服。如果过分地追求媒体制造声势，可能会让公众产生反感甚至逆反心理。因此，使用社会控制方法开展公共舆论引导，一定要回归舆论引导的本身价值。特别是要尊重公众，广泛了解、深刻理解已经出现的舆论，多提供一些意见观点选择，努力让公开的意见转化成为公众真正认同的意见。

## 四、意见领袖引导法

按照“二级传播理论”，大众传播中的舆情信息和舆论并不是直接流向普通公众，而要经过“意见领袖”（也称“舆论领袖”），他们能提出指导性的见解，具有广泛的社会影响。意见领袖作为媒介信息的影响的中继和过滤环节，对大众传播效果产生重要影响，是大众传播中不可缺少的一部分。同样，意见领袖在公共舆论引导中也能发挥非常重要的作用，产生非常显著的效果。在公共舆论中，常见的意见领袖包括政府官员、某领域专家、知名学者、媒体记者，在移动互联网塑造的新的传播格局下，一些自媒体人（包括应用社交媒体的明星）也成为影响力巨大的意见领袖。

在出现较大的舆情事件时，公共舆论引导的主体应该寻找合适的意见领袖出来引导民意。比如，2018 年 1 月 6 日，巴拿马籍油船“桑吉”轮与中国香港籍散货船“长峰水晶”轮在长江口以东约 160 海里处发生碰撞，导致“桑吉”轮全船失火，大火连烧 8 天，社会出现了“灭火无方、救援无方”的批评声音。交通运输部在救援过程中，持续邀请消防安全专家、救助打捞专家等发表分析文章、接受媒体采访，分析“桑吉”轮碰撞爆燃事故救援面临的巨大困难与挑战，主要包括：“桑吉”轮载有万吨凝析油，船一直在剧烈燃烧，且不断有燃爆发生，船员和船舶在救援过程中一直处在危险之中；风大浪高加大救援难度；事发海域远离大陆，灭火泡沫等物资补给面临很大的困难等。专家们解疑释惑，取得了公众的理解。

另外，邀请意见领袖第一时间发表意见，阐述观点，引起讨论，也符合“沉默的螺旋”理论所主张的壮大有利声音成为主流意见，从而发挥引导公共舆论的作用。比较常见的做法包括两种：一种是邀请专家、学者等相对中立、权威、有公信力的意见领袖，就某个问题、某个事件发表评论，向公众输送观点，引导公众理性分析思考，这是目前最重要的正面舆论引导方式之一；另一种是对有可能出现的新生事件和潜在的舆论新动向，发挥记者、专家的预知预判才能，提前发声，从而实现公共舆论引导主体对体现时代本质特征的趋势、事件的前瞻性引导，形成强大的、主流的、有利的舆论，从而让非主流舆论“沉默”。

需要注意的是，在新媒体时代，媒介产品层出不穷，传播渠道越发细分化、多样化，对受众的传播，受碎片化和群体细分的影响也由“全播”变为“窄播”，意见领袖的作用范围有可能仅局限于各自所属群体，对其他群体作用较小。这就要求舆论引导主体，需要借助不同领域、不同行业、能够影响不同群体的意见领袖的力量。

### 五、社会参与传播法

社会参与又称参与权，指受传者有权参与大众传播活动，即他们不仅有权从大众传播媒介上获得有关信息，而且有权作为传播者而使用大众传播媒介。美国学者巴伦（J · Barron）在 1967 年发表的《对报纸的参与权》一文中指出，为了维护受传者的表达自由，保障他们参与和使用传播媒介的权利，宪法必须承认公民使用大众传播媒介的参与权。联合国教科文组织 1980 年发表的由国际交流问题研究委员会提交的总报告指出：不要把受众当作信息的被动接受者，要鼓励他们在报纸上、广播中更多地发表意见和看法，创造机会和条件让他们参与传播媒介的管理。

随着移动互联网和新媒体技术的不断进步，公众不仅仅是被动接受信息，也可以主动参与信息传播，可谓“人人都有麦克风”。从 QQ、微博到微信、微视频等，都为人们的互动交流与信息发布提供了平台，特别是随着智能手机的普及，几乎人人都可以对新闻突发事件进行实时直播报道，当前网上的信息传播绝大多数就来自于普通公众。另外，随着信息传播渠道、内容的日益丰富，公众可以根据自己的兴趣爱好，自由选择接受各类信息，不像以往只能够由传播媒介来决定。当公众对某个领域某个话题的认识有了质的提升后，他就能获得一定分量的发言权，且他发表的观点可能赢得其他公众的尊重与认同。正如美国新闻学教授、《传播》杂志前主编詹姆斯·凯瑞（James W. Carey）曾经提出的观点："当人们还处在传统的媒体传播时，大多数人会认为传播仅仅是信息的发布以及传递，但是当社会和媒体取得了进一步的发展时，那么传播就逐渐成为一种主流的传递观，传播不再是一种告知信息的活动，而是逐渐变成一种共享信息的信念。"

纵观我国的公共舆论环境，社交媒体的迅速发展使媒体与公众的关系发生了巨大变化。一方面，信息传播渠道的改变导致公众信息接收方式呈现出碎片化状态；另一方面，这种碎片化又带来一种重新聚合的可能。面对新时代的公众需求，我国媒体传播供给存在结构性的不足，这导致相当部分的公众人云亦云、以讹传讹，缺乏理性与建设性。而这些不足，为公共舆论引导引入社会参与式的传播机制提供了空间。

新媒体快速发展形势下，在公众舆论引导过程中引入社会参与传播有多种方式，包括借助活跃用户量大、传播迅速广泛的媒体平台，如微博、微信及抖音、快手等短视频 App，以普通公众感兴趣的形式发布信息吸引关注、转发传播。

社会参与传播能够扩大公共舆论引导的影响面，但也会让来自普通民众的新闻和言论在新闻传播中的占比越来越大。但普通公众缺乏新闻职业素养，非职业新闻工作者参与新闻传播，也造成职业道德和职业准则的监管缺失，难免使新闻信息良莠不齐，新闻传播效果的不确定性会越来越大，公共舆论引导主体及传统媒体对新闻传播的控制也会越来越难。

社会参与传播的发展既是机遇也是挑战，根据党领导下的新闻舆论工作的总体要求，传统的新闻价值观和新闻事业内涵不能发生质的改变。新闻宣传部门、机构和公共舆论引导主体乃至全社会，都应该关注并研究如何更好地应用社会参与传播的机制与手段，适当借助职业道德规则的界定及行业、协会纪律的管理，约束和规范个体传播者的传播行为，注重普通民众的媒介素养教育，更好地使社会参与传播与传统媒体的新闻互补互动，使社会参与传播成为公共舆论引导的有效助力。

### 六、典型引领法

社会心理学中有一种现象叫社会模仿，是个体在非控制性社会刺激作用下，以社会上其他人的行为为模本，做出相类似行为的现象。模仿榜样者的行为总是以自己的期望为准则，即模仿者总是模仿自己所希望、所倾向、所喜欢的行为。典型引领就是基于这一原理、引领公共舆论的具体运用。

典型引领的表现形式是典型报道。由原中国人民大学新闻学院甘惜分教授主编的《新闻学大辞典》对典型报道的界定是：对具有普遍意义的突出事物的强化报道。即在大量重要事实、人物中选择最突出、最有代表性的事例、人物进行报道，揭示的是真实事件、真实人物，以此区别于文学典型。典型报道这一基于真实性的基本特征决定了它是社会现实的直接、集中反映，能够呼应受众对社会现实的焦虑、关注，引导受众认识社会当下的具体变化，认清社会发展的趋势。

典型报道是社会主义舆论引导的一大特色，也是中国共产党宣传思想文化战线的有效法宝，具有重要的舆论导向作用。好的典型是一面旗帜，具有重要的示范作用。对于一个时期提倡什么、反对什么；某项工作为什么要开展、怎样开展等，新闻媒体常常用典型报道来加以引导。党的十八大以来，全国大力推选时代楷模、最美人物、身边好人、向上向善好青年等先进典型，评选各行各业先进人物，从王继才王仕花夫妇、邹碧华、廖俊波、黄大年、龚全珍、张富清、塞罕坝林场建设者等一批批时代楷模、最美人物，到不断涌现的身边好人，亿万国人以实际行动印证"人民有信仰，国家有力量，民族有希望"。在交通运输行业，各类典型也层出不穷。有人物典型，如入选100名改革开放杰出贡献人物的全国劳模包起帆、许振超等，"中国最美司机"吴斌，受到习近平总书记接见的四川航空"中国民航英雄机组"；有工程典型，如港珠澳大桥、长江口深水航道治理工程；有服务典型，如江苏连云港客运站"雷锋车"、北京高速公路"秋子服务"、安徽交通"微笑服务"等。

值得注意的是，典型的宣传价值与引导力量来自于典型本身，不可随意拔高，不可扭转角度，更不能添枝加叶、弄虚作假。适时、适度，保持真实、拒绝"神化"，尤其要防止"低级红、高级黑"，防止典型引领效果适得其反。总之，呈现于典型报道中的人物或事例，都应是共性与个性的统一，这是典型报道选取典型的基本准则，只有选择具有时代代表性的事实与人物，才能反映出特定社会生活的普遍性。但同时，典型报道又是新闻报道的一种，只有符合新闻规律的报道才能赢得受众的认可，发挥社会的引导作用，进而揭示社会发展的某些规律和本质。

公共舆论引导中的典型引领也需要因时因势而变。当前，信息传播的多样化、阅读方式的碎片化、热点更迭的快速化，甚至一度质疑偶像、解构崇高、反讽盛行，都为提升典型人物报道的吸引力、影响力增加了新的难度。新时代舆论传播环境中的典型，其行为事迹应该与时代进程相一致，其发展成效应该能呼应社会的关切、缓解公众的焦虑，其精神品质应该能承担起时代需要的价值引领责任。同时努力解决以往典型宣传过程中出现的主流舆论场与民间舆论场不同频、"官方热、民间冷"的尴尬，努力弥合以往典型引领过程中官方与民间各说各话的舆论场割裂状态。

另外，当前的典型引领过程中要走出有组织地"挖掘—宣传—表彰—学习"典型的传统套路，从网上频频出现的"最美""最感人"等引发公众自发传播的典型来看，"自发显现—社会传播—评价分析—引导模仿"的过程让典型的出现更符合新闻规律，也更能产生社会共鸣、见贤思齐，从而实施引导公共舆论、促进行业社会健康发展的目标。

# 第三章　交通运输公共舆论引导的特色及重要作用

本章将以马克思主义新闻观和习近平总书记关于新闻舆论工作的重要论述为指导，梳理议程设置理论、“沉默的螺旋”理论等中外有关公共舆论及公共舆论引导的学说、流派和理论观点，结合近年来的交通运输公共舆论热点事件、公共舆论引导案例以及作者作为交通运输行业新闻舆论工作者的实践经验，阐述交通运输公共舆论、交通运输公共舆论引导的相关概念、特征，对交通运输公共舆论引导现状进行基础分析，探寻在新时代中国特色社会主义的背景下，提升交通运输公共舆论引导能力、水平的策略与途径。

运用马克思主义的立场、观点、方法来研究和解决中国的实际问题，是我们党团结和带领全国各族人民不断开创事业发展新局面的重要法宝。在新时代新形势下，坚持和运用马克思主义新闻观审视当前舆论环境和形势，实现科学、高效地做好公共舆论引导工作，对于我们党不断巩固执政根基、增强执政能力并最终实现执政目标同样非常关键。

我们党和政府一直高度重视新闻宣传和舆论引导工作。特别是自20世纪80年代以来，党和国家领导人多次提出了舆论引导的思想和要求。江泽民同志在1996年9月26日视察人民日报社时曾指出，“舆论导向正确，是党和人民之福；舆论导向错误，是党和人民之祸。”❶党的十六届四中全会做出的《中共中央关于加强党的执政能力建设的决定》提出，要“坚持党管媒体的原则，增强引导舆论的本领，掌握舆论工作的主动权……重视对社会热点问题的引导，积极开展舆论监督，完善新闻发布制度和重大突发事件新闻报道快速反应机制。”❷胡锦涛同志在2008年6月20日视察人民日报社时也就舆论引导强调，“必须坚持党性原则，牢牢把握正确舆论导向。舆论引导正确，利党利国利民；舆论引导错误，误党误国误民。”❸2016年2月19日，习近平总书记在党的新闻舆论工作座谈会上强调，“党的新闻舆论工作是党的一项重要工作，是治国理政、定国安邦的大事，要适应国内外形势发展，从党的工作全局出发把握定位，坚持党的领导，坚持正确政治方向，坚持以人民为中心的工作导向，尊重新闻传播规律，创新方法手段，切实提高党的新闻舆论传播力、引导力、影响力、公信力。”❹2019年1月25日上午，中共中央政治局就全媒体时代和媒体融合发展举行第十二次集体学习。中共中央总书记习近平在主持学习时强调，推动媒体融合发展、建设全媒体成为我们面临的一项紧迫课题。要运用信息革命成果，推动媒体融合向纵深发展，做大做强主流舆论，巩固全党全国人民团结奋斗的共同思想基础，为实现“两个一百年”奋斗目标、实现中

❶ 江泽民. 江泽民文选：第一卷[M]. 北京：人民出版社，2006.

❷ 中共中央关于加强党的执政能力建设的决定[N]. 人民日报，2004-9-27(1).

❸ 唱响奋进凯歌　弘扬民族精神——记胡锦涛总书记在人民日报社考察工作[N]. 人民日报，2008-6-21(1).

❹ 习近平在党的新闻舆论工作座谈会上强调：坚持正确方向创新方法手段　提高新闻舆论传播力引导力[N]. 人民日报，2016-2-20(1).

华民族伟大复兴的中国梦提供强大精神力量和舆论支持。[1]

在经济高速增长、社会快速转型、改革迈向纵深、利益加剧调整、思想日益多元的形势下，特别是随着社会化媒体与网络技术不断发展、相互渗透，媒体格局、舆论生态、受众对象、传播技术已发生了深刻的变化，主流舆论场、民间舆论场、境外舆论场、口头舆论场尤其是互联网舆论场等舆论场空间结构与舆情内容发生了剧烈的转变，均在考验、挑战党和政府的公共舆论引导能力。

从公共管理的角度而言，公共舆论引导是以政党和政府作为引导主体，以实现政党执政和政府行政管理目标的公共行为。具体来说，公共舆论引导就是执政党或政府部门为了实现组织目标，运用传播、宣传、沟通、控制等方式，对公众舆论进行疏导、引领和调控的一种管理活动。

## 第一节 交通运输公共舆论引导的概念与特征

交通运输公共舆论引导是政府公共舆论引导的重要组成部分，对于纠正政府失误、改善政府形象与信誉意义重大。近年来，随着新时代我国社会主要矛盾的变化，经济社会的发展和人民出行需求的日趋多元，涉及交通运输的公共舆论事件频发，公共舆论引导已经成为交通运输部门必须密切关注并努力解决好的重点、难点问题。

交通运输部党组一直高度重视新闻舆论工作，交通运输部专门召开新闻舆论工作座谈会并做出部署，强调要深刻领会、坚决贯彻习近平总书记在党的新闻舆论工作座谈会上的重要讲话精神，始终坚持正确的政治方向，切实增强政治意识、大局意识、核心意识、看齐意识，牢记新闻舆论工作的职责使命，坚持以团结稳定鼓劲、正面宣传为主，把握好时度效，创新话语表达方式，讲好交通故事，努力提高新闻舆论工作的能力和水平，不断提升交通运输新闻舆论的传播力、引导力、影响力、公信力，为建设交通强国、更好服务全面建成小康社会、实现中华民族伟大复兴的中国梦做出新的更大贡献。交通运输部印发的《2017 年全国交通运输行业精神文明建设和新闻宣传工作要点》，更是提出要进一步深入实施思想政治教育工程、核心价值践行工程、行业文明创建工程、文化建设示范工程、宣传舆论引导工程“五大工程”，为交通运输改革发展提供强大的思想保证、精神动力、舆论支持和文化条件。随着移动互联网、信息技术和新媒体的快速发展，交通运输行业面临的舆论环境更加复杂多变，对交通运输部门引导公共舆论的方法、能力和水平也都提出了更高的要求。

所谓交通运输公共舆论引导，就是指交通运输部门为了凝聚全社会的智慧共识，鼓舞全系统的士气干劲，树立行业良好形象，创造更好发展环境，以更好的发展成果服务人民群众，从而运用舆论引导的手段和方法，对涉及交通运输的公共舆论进行疏导和调控的管理活动。

由于交通运输行业本身特点和交通运输行政管理的特殊性，交通运输公共舆论引导具有引导内容和引导架构的个性化特点。同时，交通运输公共舆论引导还呈现以下几大特征：

第一，交通运输公共舆论引导的主体是交通运输部门。政府本身的性质、职能决定了交通运输部门在交通运输公共舆论引导结构中处于首要环节，发挥着核心作用。所有与交通

---

[1] 习近平在中共中央政治局第十二次集体学习时强调：推动媒体融合向纵深发展 巩固全党全国人民共同思想基础[N]. 人民日报，2019-1-26(1).

运输的公共舆论有关联、具备一定的舆论引导能力和手段的交通运输部门,都是交通运输公共舆论引导的主体,具体而言就是各级交通运输政府机构、单位负责宣传的处室、部门,通常也包括相关企业。同时,也要在各级地方党委、政府的领导或指导下开展工作。

第二,交通运输公共舆论引导的客体是涉及交通运输的公共舆论。涉及交通运输的公共舆论是社会公众对与交通运输有关的政策、事件、现象的意见、观点和评论,这是公共舆论引导链条中的中心环节。交通运输公共舆论既有正面舆论也有负面舆论,但交通运输公共舆论引导的客体主要是可能或者已经妨碍交通运输发展、损害行业形象甚至影响社会稳定的负面舆论。

第三,交通运输公共舆论引导的对象是公众。公共舆论的主体是公众,公共舆论产生的根源在于公众的利益与诉求,这决定了交通运输公共舆论引导的对象就是公众。正确地判断引导对象的利益诉求和认知水平,有助于采取有针对性的引导措施。而引导对象的接受程度是衡量公共舆论引导成败的标准,即负面的观点是否得到了转变,正面的观点是否得到了强化。

第四,交通运输公共舆论引导的目的是为了营造良好的舆论环境,促进交通运输更好发展。涉及交通运输的负面舆论必然会不同程度地对行业发展和行业形象造成损害,能够及时有效地进行交通运输公共舆论引导,将有助于分辨是非,消除误解、杂音,营造良好的舆论环境。但公共舆论引导的最终目的并不是为了改变或掌控社会公众的意识或行为,更不是为了误导公众,而是为了更好地完成交通运输各项工作,助推交通运输事业快速发展,更好地服务经济社会发展和人民群众安全便捷出行。

交通运输公共舆论引导方法与手段需尊重舆论运行规律、新闻传播规律和受众接受规律,因事、因人、因时、因地而异,更要结合行业不同领域、不同地域特点、不同服务对象,具体问题具体分析,分类施策。

## 第二节　现阶段交通运输公共舆论呈现的特点

马克思主义认为,公共舆论的本质特征和精神内核是社会群体意识,或者说是社会群体的集合意识和社会知觉。公共舆论具有道德评价、意识整合、社会监督等重要功能,在精神领域对社会公众乃至整个社会都具有重要作用。

无论什么样的舆论,都需要媒介来传播。因此,做好公共舆论引导,还必须深刻理解各类媒介的特点,从而深化媒介对社会影响力的认识。

美国著名学者李普曼在1922年出版的《公众舆论》中认为,由于现代社会越来越巨大化和复杂化,且人们的活动范围、精力、注意力有限,不可能对巨大复杂的整个外部世界保持经验性接触,对超出自己亲身感知的事物,只能通过各种“新闻供给机构”去了解。这样,在现代社会中人们与他的环境之间便插入一个“拟态环境”,人的行为是对拟态环境的反应。李普曼一方面强调现实社会中,公众依赖并且相信通过新闻报道可以间接了解现实社会环境,另一方面又强调“拟态环境”作为现实社会的图像缩影,为公众提供相对简化的认知框架,只是作为公众形成意见的依据。由于“拟态环境”的存在,公众会轻易受利益集团的诱导,主导政府决策的目标变得难以实现。总体而言,在大众传播媒介日益发达的现代社会,人们的行为与三种意义上的“现实”发生着密切的联系:一是实际存在着的不以人的意志为转移的客观现实；二是经过媒体加工后产生的"象征性现实"，即拟态环境；三是存在于人们意识中的"关于外部世界的图像"，即主观现实。现代社会人们较少有机会和客观现实直接接触，取而代之的是大众传播媒介营造的拟态环境，拟态环境的生成过程即媒体加工客观现实的过程，受众往往把拟态环境作为客观现实本身来看待。李普曼指出了与此紧密联系的重大问题，当传播媒介被某个利益集团俘虏，成为在利益驱使下的代言人，误导受众对客观现实的认识，将对舆论环境造成十分恶劣的影响。

在高新科技飞速发展的今天，媒介的生存形态发生了巨大改变，表现特征是新媒体的迅速兴起和快速发展，以及传统媒体和新媒体的相互竞争、融合。2020 年 4 月 28 日，中国互联网络信息中心（CNNIC）发布的第 45 次《中国互联网络发展状况统计报告》显示，截至 2020 年 3 月，我国网民规模达 9.04 亿人，较 2018 年底增长 7508 万人，互联网普及率达 64.5%；手机网民规模达 8.97 亿人，较 2018 年底增长 7992 万人，网民使用手机上网的比例达 99.3%，使用电视上网的比例为 32.0%，使用台式计算机上网、笔记本电脑上网、平板电脑上网的比例分别为 42.7%、35.1% 和 29.0%；网络新闻用户规模达 7.31 亿人，较 2018 年底增长 5598 万人，占网民整体的 80.9%；手机网络新闻用户规模达 7.26 亿人，较 2018 年底增长 7356 万人，占手机网民的 81.0%；网络视频（含短视频）用户规模达 8.50 亿人，较 2018 年底增长 1.26 亿人，占网民整体的 94.1%；其中，短视频用户规模为 7.73 亿人，占网民整体的 85.6%。以互联网和移动终端为代表的新媒体继续快速崛起，对传统媒体的主导地位构成了挑战和威胁，也明显地改写了公共舆论的格局。

当然，传统媒体相对于新媒体而言存在着技术上的弊端，但新媒体不可能完全取代传统媒体的作用和价值。传统媒体与新媒体的竞争不再是简单的新旧之争。传统媒体不会消亡，只会在与新媒体的融合发展中不断创新。互联网既冲击了传统媒体，同时也是传统媒体发展的助推力。传统媒体积极推动网络化，呈现出增强现实报纸、网上广播、互联网电视等形态。新媒体也尝试通过新技术延展媒体的容量与深度，为受众创造新的体验。随着平台、工具和特性的趋同化，传统媒体与新媒体的边界正在消融，开始相互融合形成新的产物，推动媒体形态的自我进化与升级。各种媒体在信息共享中加速整合，壮大为一股强大的力量，日益深入地影响着人们生活的方方面面，改变着社会的价值观、思维方式和意识形态。特别是以 QQ、微博、微信和抖音、快手等短视频为代表的即时通信工具或社交、网络新媒体的陆续兴盛，给公共舆论的形成、表达、传播创造了前所未有的便利条件，也让公共舆论有了与以往不同的特点。

就交通运输公共舆论而言，现阶段主要呈现以下四个显著的特点：

## 一、交通运输公共舆论社会关联度大、公众关注度高

马斯洛的"需求层次理论"提出了人类的五层基本需求，其实可以简单地分为生存需要和发展需要，而这两种需要就是公共舆论形成的原动力，这也有助于分析探究出交通运输公共舆论的产生原因。

交通运输是国民经济重要的基础产业，是习近平新时代中国特色社会主义经济思想形成和实践的重要领域。交通运输一举一动都会牵动经济社会发展，与人民群众生产生活密切相关。党的十八大以来，在以习近平同志为核心的党中央坚强领导下，我国交通运输发展

取得了举世瞩目的成就。但新时代我国社会主要矛盾已经转化为人民日益增长的美好生活需要和不平衡不充分的发展之间的矛盾。在交通运输领域的体现就是,人们不仅仅满足于通路通车、通航通邮等“硬需求”,更加重视获得感、幸福感、安全感等“软需求”。与之相比较,交通运输发展不平衡不充分问题更加凸显,也更加容易受关注。涉及交通运输的公共舆论往往都会引起社会公众的广泛传播和强烈反应。

通过对近年来与交通运输有关的公共舆论情况的分析,得出最受关注的舆论事件主要可概括为六类:一是行业治理问题,如治理城市拥堵、治理超限超载、物流业降本增效、交通脱贫攻坚等;二是政策改革问题,如网约车新政、收费公路条例修订、交通运输“放管服”改革;三是事故灾难问题,如“东方之星”号客轮翻沉事件、天津港危险品仓库特别重大火灾爆炸事故、京昆高速“8·10”特别重大道路交通事故等;四是工程质量问题,如哈尔滨大桥“垮塌”事件、甘肃折达公路事件等;五是服务质量问题,如 2014 年春运高铁因雪降速旅客要求降价、航旅纵横 App“选座社交”陷旅客隐私泄露争议、“高速公路不高速”车主要求减免通行费等问题;六是党风廉政问题,如山西交通系统“塌方式”腐败及湖南、江西等省交通运输厅原领导被调查等。

## 二、交通运输公共舆论事件呈多发、反复态势

鉴于我国经济社会、政治法律的阶段性特点,同时,交通运输发展处于快速发展、转型发展的特殊时期,面临复杂的形势,此外,稳增长、促改革、调结构、惠民生、防风险工作任务繁重,困难重重。而且,近年来交通运输快速发展中有一些问题没能得到很好的解决,法治政府部门建设与发展现状不协调;“互联网+”催生了大量交通运输新业态,新旧业态之间的利益平衡和融合发展也是一个巨大的挑战,随着社会公众对公共事务参与意识、法治维权意识的明显增强,与交通运输有关的公共舆论事件频繁发生,某些事件还出现反复。如出租车在经营过程中经常出现的群体性事件,收费公路引发的舆情事件也常常见诸媒体,还有路政、运政执法也经常引发一些矛盾和冲突,引发公众的广泛关注和媒体的持续聚焦。

## 三、交通运输公共舆论借助网络等媒体加速传播

近十多年来,网络等新媒体从无到有、由小到大,我国的整个媒介生态、舆论环境发生的变化可称得上翻天覆地。信息传播渠道不断扩张,传统媒体对信息的相对垄断和对舆论的主导控制优势被打破,信息源主体从传统的大众媒体及其控制机构迅速扩大到公众个体层面。同时,互联网、广播电视与电脑、手机等信息终端的交互性带来了充分的交流和互动,以往传播结构中传播者和接受者的界限逐渐模糊,每个人都拥有了信息发布渠道,任何个人都可能成为信息发布者。尤其是近年来,微博、微信、短视频等异军突起,改变了中国社会的舆论传播格局、演变机制,重塑了我国社会的公共舆论生态。

分析近年来与交通运输有关的公共舆论事件的传播路线与发展规律,类型复杂多样。有些是“报纸、电视等传统媒体报道→网络媒体转载→微博(微信)等加速传播”,有些是“微博(微信)起源→微博粉丝(微信群)转发→网络媒体关注→传统媒体报道”,等等,甚至循环往复传播。总体而言,网络,特别是移动互联网及自媒体在交通运输公共舆论事件的传播中,起到了加速散播器、加倍放大器的作用。从 2013 年 6 月 7 日,厦门 BRT 公交车纵火案,

造成 47 人死亡，34 人因伤住院，到 2018 年 10 月 28 日，重庆公交坠江事故，造成 15 人死亡，由新媒体与传统媒体争相报道，公众舆论与专家评论争相发声，循环往复，不断将事故反思引向深入，推动行业安全管理升级和社会治理创新。

### 四、交通运输公共舆论持续影响公共政策

传统的政府公共决策大多是通过政府相关职能部门起草、制定，自上而下地公布施行，民众往往通过会议、听证、信访、函询和传统媒体报道等方式参与。在新媒体环境下，公众希望更多地表达诉求、抒发意见、建言献策、监督政府，这对政府公共管理体制、机制及运作模式等产生重大影响。公共舆论的影响力不断积聚和放大，并以其主体多元化、议题广泛化、表达直接化等特征，代表了不同利益群体的诉求，为我国制定公共政策、完善法律法规过程中的价值取向、利益权衡提供了重要依据，促进了公共决策的民主化、透明化和科学化。公共舆论的聚焦和升温，会引发公共管理主体的关注和重视，并使之上升为政策议程。近年来，交通运输公共舆论多次影响到了交通运输部门的政策制定。2018 年 5 月 6 日郑州空姐乘坐滴滴顺风车遇害，3 个月后，温州又发生年轻女子乘坐滴滴顺风车惨遭司机杀害的恶性事件，引发了网约车安全性大讨论，9 月 11 日，交通运输部会同多部门进驻滴滴等十余家网约车企业，开展安全专项检查，得到广大网民点赞。2018 年内，先发生罗某某在合肥扒住列车车门阻碍高铁发车导致列车晚点的事件，随后又发生以“霸座男”孙某、“霸座姐”周某某为代表的一系列“霸座”、车厢内吸烟等不文明行为，互联网上对铁路部门管理能力的质疑声音越来越多。面对提升高铁管理与服务的舆论，铁路等部门做出积极回应。2018 年 12 月 1 日起，《广东省铁路安全管理条例》施行，其中对于强行登乘、拒绝下车以及“霸座”等不文明行为，提出了明确处罚措施，这是全国首个规范铁路安全管理的地方性法规，此后两次对“霸座”行为的依法处理迅速赢得网友点赞。

## 第三节　交通运输公共舆论引导的重要作用

公共舆论在我国政治、经济、社会和文化生活中发挥着越来越重要的作用。在现阶段，加快推进国家治理体系和治理能力现代化，能不能有效引导公共舆论，是衡量党和政府执政能力的一项重要参考指标，也是加强政府执政能力建设的重要内容之一。

随着我国经济社会的快速发展，民主法治建设进程的不断加快，以网络特别是移动互联网、微博、微信、微视频等新兴媒体为引领的大众传媒也获得了前所未有的发展，公众关心国家大事、参政议政、针砭时弊、建言献策的热情空前高涨，对涉及民生百姓的政策、事件进行批评、监督的舆论极其活跃，这些都迫切要求政府适应形势，转变职能，更加重视政府治理能力建设，更加注重社会管理创新，更加强化公共服务职能，切实保障和改善民生。

舆论与社会发展需要相一致就会加速社会发展进步，舆论与社会发展要求相背离就会对社会发展产生消极甚至破坏作用。因此，依据发展新闻学理论，发展中国家在社会转型和经济上行期，更加应该重视媒体的社会责任，根据国家利益引导舆论，在保持社会稳定、维护民族利益、推动经济发展中发挥积极作用，做到“大众传播活动必须与国家政策保持同一轨道，以推动国家发展为基本任务”。

现实形势也的确如此要求，随着我国对外开放的步伐加快，越来越多的人走出国门，而

互联网的普及更是加快了信息传播的速度，人们更加习惯于将国内与国外相对比。虽然我们已经是世界第二大经济体，但作为发展中国家，中国庞大的人口规模使迅速增长的经济总量在人均指数面前显得颇为尴尬。一些人羡慕西方国家的经济发达、物质丰裕和社会文明，加之发展不平衡和廉政等问题的存在，都在不同程度上损害民众对于国家的信心，如果再有各种不良思潮和敌对势力的侵蚀、蛊惑，百姓也会出现不同程度的质疑与迷茫，这就需要积极发挥舆论引导功能，用通达上情、正面说理、激励前进的正向舆论为增强“四个自信”、实现百年奋斗目标贡献力量。

基于上述分析，我国的政府和媒体必须切实提高政府对公共舆论的引导能力，向公众传达符合代表人民利益的声音，借助媒体澄清谬误，引导公众明辨是非。正如麦克马那斯所言：“社会的健康状况和它所消化的信息的‘营养价值’息息相关”“新闻媒介设定了框架，公民据此讨论公共事务……讨论的质量必然取决于公民所能获知的信息的质量”。因此，对舆论进行适度引导与管理应成为政府管理的重要内容。

交通运输作为与经济生产和群众生活关系极其密切的基础性、先导性产业和服务性行业，是保障和改善民生的重点领域，一直保持较高的公众关注度。近年来，涉及交通运输行业的公共舆论事件层出不穷，交通运输部门面对的舆论监督压力巨大。

公共舆论在社会中的存在是不可或缺的，有利于社会政策的调整。同时，公共舆论也存在消极一面，盲目跟风错误的公共舆论甚至会导致公众对政府产生误解与偏见，出现对政府的“信任危机”，这对社会的和谐稳定发展是极其不利的。涉及交通运输的公共舆论更是一柄双刃剑，全面、客观、具有建设性的舆论有助于促进交通运输事业的改革、发展与进步，片面、主观、以炒作为目的的舆论则可能误导公众，损害交通运输行业形象，甚至影响行业的持续发展。

在建设交通强国、为全面建设社会主义现代化国家当好先行的过程中，针对新媒体时代与交通运输相关的舆情事件的发展走向及其所显示出来的负面影响和消极作用，现阶段加强交通运输公共舆论引导工作显得尤为紧迫和必要。

因此，我们要充分认识现阶段交通运输公共舆论引导的重要性和必要性，分析发现交通运输公共舆论引导的现状与问题，建立健全科学有效的交通运输公共舆论引导机制，研究探索交通运输公共舆论引导的方法和对策，这对于改善交通运输发展舆论环境、提升交通运输行业形象、推进交通运输实现更好更快发展都具有积极而重要的现实意义。

王雄在《新闻舆论研究》中认为，公共舆论的运动规律主要表现在三个方面：具有不可抗拒的强大威力；具有多极性特征；具有巨大的惯性。刘伯高在《政府公共舆论管理》中分析公共舆论产生的主客观因素时也认为，“客观存在是社会舆论产生的根源，特别是具有争议的事件往往是引发公共舆论的直接根源”“正因为有共同利益才使公众关心公共事务，并形成公共舆论”。从这个角度来看，我们要认识到，交通运输公共舆论是一种客观存在，做好交通运输公共舆论引导是一种现实需要。

李普曼在《公众舆论》中说把舆论引导说成是“制造同意”。他说，当代意义最为重大的革命不是经济革命或政治革命，而是一场在被统治者中制造同意的艺术的革命，“如果熟知如何制造同意，那就可以改变每一项政治算计，修正每一个政治前提”。因此，交通运输部门需要充分认识公共舆论引导的重要作用。

### 一、做好公共舆论引导有助于交通运输发展服务现代化强国建设的宏伟目标

为深入贯彻落实党的十九大精神，有效支撑将我国建成富强民主文明和谐美丽的社会主义现代化强国的目标，交通运输部党组提出，既要为决胜全面小康做好服务、当好先行，又要为建设交通强国绘好蓝图、打好基础、开启新征程。从2020年到21世纪中叶，要分“两步走”来建设交通强国。第一步是从2020年到2035年，奋斗15年，基本建成交通强国，进入世界交通强国行列。第二步是从2035年到21世纪中叶，奋斗15年，全面建成交通强国，进入世界交通强国前列。实现这一系列宏伟目标，需要交通基础设施、运输服务、技术装备、行业治理、国际影响力等各方面齐头并进，需要用积极的舆论引导全行业发展的信心与决心，鼓舞广大交通运输干部职工凝心聚力、攻坚克难、奋发有为。

### 二、做好公共舆论引导有助于营造交通运输深化改革高质量发展的良好舆论环境

2018年全国交通运输工作会议上指出，交通基础设施还存在短板，综合交通枢纽建设滞后，网络布局需要进一步优化；农村公路体制机制需进一步完善，深度贫困地区交通基础设施短板问题更加突出，建设还需加强；运输结构不合理、物流成本偏高，供给侧结构性改革还需进一步深化；交通运输一体化、多样化、个性化服务水平不高，运输服务供给质量还有较大提升空间；现代综合交通运输体制机制尚不健全、不完善；资金、土地、环境等要素制约问题突出，投融资等关键领域改革还需继续深化；法律法规建设滞后于行业发展，行业监管跟不上新技术新模式新业态的步伐；交通运输与互联网、大数据、人工智能的深度融合不够，信息开放共享问题依然突出；安全生产形势不容乐观，重特大事故时有发生，平安交通建设任重道远，等等。直面这些挑战，解决这些问题，需要突破创新的发展智慧，需要刀刃向内的改革勇气，需要涉及各方的利益调整，同样也需要行业内外的理解共识。这就需要我们进一步加强公共舆论引导，努力营造交通运输发展良好的舆论环境。当出现有碍于改革发展大局的舆情事件时，通过有力有效的正面舆论凝聚共识，不因负面舆论的干扰而偏离正确的轨道。

### 三、做好公共舆论引导有助于涵养交通运输核心价值、树立良好形象

良好的行业形象具有非常重要的正向激励作用。经过改革开放40年来特别是党的十八大以来的跨越式发展，我国交通运输发展取得了举世瞩目的成就，交通运输行业也得到全国人民的高度认可。正如杨传堂书记和李小鹏部长在联合署名文章《奋力开启建设交通强国的新征程》中指出，党的十八大以来，我国交通运输发展取得重大成就，高速铁路、高速公路里程等首次跃居世界第一，网络化运行达到新水平，“复兴号”高速列车、C919大型客机等装备技术达到世界先进水平，网约车、共享单车等新业态引领世界潮流，我国交通运输规模总量位居世界前列，成为名副其实的交通大国。

全体中国人民真切感受到了交通运输发展以人民满意为标准，给经济社会发展和百姓出行带来的巨大改变，行业干部职工的自豪感与日俱增。另外，在交通运输行业核心价值体系的指引下，行业软实力不断增强，“十百千”文化建设工程和“感动交通”“寻找最美”等活动有效传播了行业正能量。“军民融合先遣兵”王淑芳、“最美司机”吴斌、“水上交通运输安全忠诚护卫”陈维等典型人物脱颖而出，行业干部职工的形象也大为改观。在公共舆论引导

中，借助媒体的传播，能更好发挥先进典型的示范引领作用，传承核心价值，弘扬交通精神，提升行业形象，争取广大人民群众的更多肯定和支持。但不可否认，在这个有着数千万从业人员的巨大行业，难免存在个别失职渎职的部门，存在个别不法经营的企业，存在一些违法乱纪的个人，在媒体高度发达、舆论传播迅速的时代，一些极少数行为、极个别现象，极容易被放大，进而破坏行业的整体形象和声誉，有时甚至会抹杀多年来交通运输行业以及广大干部职工付出的努力、取得的成绩。而公开、透明、及时、真诚的舆论引导，能有效化解社会的批评与质疑，赢得公众的谅解，这同样也是维持良好行业形象、营造良好发展环境的需要。

总之，分析现阶段交通运输面临的发展形势和公共舆论特点，做好交通运输公共舆论引导，必将能够通过尊重和满足公众的知情权，提高交通运输部门的公信力号召力，最大限度地凝聚舆论共识，减少负面公共舆论的影响，树立起交通运输行业良好的社会形象，让交通运输公共管理的政策措施获得公众的认同和支持，为交通运输工作的开展营造良好的公共舆论环境。

# 第四章　我国交通运输公共舆论引导的成绩与不足

近年来,党和政府高度重视我国社会主要矛盾变化这一历史性变化对新闻舆论工作的重大影响。由于人民美好生活的需要日益广泛,生活追求日益多元,利益结构日趋复杂,难免因发展不平衡不充分、有效供给不足等原因产生矛盾,由此不断引发舆情事件。为此,各级党政部门按照习近平总书记的要求,“适应分众化、差异化传播趋势,加快构建舆论引导新格局”。[1] 进一步提高了对公共舆论引导的重视程度,将舆论引导工作作为创新社会管理的一项重要内容,将提升舆论引导能力作为加强执政能力建设的重点努力方向。经过近年来不断加强的舆论应对教育以及行业内外一系列舆情处置负面案例的警示教育,交通运输部门也越来越认识到做好公共舆论引导对促进行业发展的重要作用。完善新闻舆论工作体制机制,运用新闻发布、主动引导、舆情分析、危机应对等措施,强化正面宣传,引导负面舆论,在公共舆论引导方面取得了一定的成绩,为行业发展创造了较好的舆论环境。但同时也存在着新闻舆论工作整体投入不足,新闻传播和舆论引导理念、方式、手段陈旧,不适应新媒体发展形势下公众信息需求和接受特点等问题。

## 第一节　交通运输公共舆论引导取得的成绩

近年来,交通运输部率先垂范,各级交通运输部门越来越重视公共舆论的重要作用,加快完善新闻舆论工作的机构、制度建设,加大物资、资金投入,加强人才培养和实战训练,实现了公共舆论引导能力的显著提升,取得了实实在在的舆论引导成绩。

### 一、新闻舆论工作机构逐步健全

新闻舆论工作重要、任务艰巨,新闻舆论工作成败的关键在于人,在于有没有一支素质过硬的队伍。为交通运输发展凝聚共识、汇聚力量、廓清迷雾、清除杂音,同样需要一批政治素养、理论功底、政策水平、业务能力都非常过硬的人才,需要一套领导有力、运转流畅、应急高效的体制机制。

2008 年,随着大部制改革后交通运输部的挂牌,交通运输部新闻办公室正式成立,部机关各司局及中国交通报社为成员单位,同时建立了新闻发言人制度。2011 年 6 月,交通运输部新闻办公室新闻中心正式成立,与中国交通报社新闻信息中心一套人马、两块牌子,具体负责涉及交通运输的舆情信息的搜集、整理、报送;新闻发布会的筹备、组织;重要新闻采访的媒体组织、材料提供;与各大媒体的沟通、协调等工作。2013 年,交通运输部将新闻宣传职能划归新组建的政策研究室。经过四年多的发展,交通运输部初步建成了“三三四”宣传体系,包括重大报道资料库、重点宣传线索库、舆论引导口径库 3 个数据库,新闻发言人、网络

---

[1] 习近平. 习近平谈治国理政:第二卷[M]. 北京:外文出版社,2017.

评论员、新闻宣传专家3支队伍，宣传议题设置、网评工作、新媒体矩阵、应急宣传和舆论引导4项工作协同联动机制，有力支撑了行业新闻宣传和舆论引导工作。

截至目前，全国各省(自治区、直辖市)交通运输厅(局、委)中，或保留原有机关宣传处，或在新一轮机构改革中参照交通运输部将新闻宣传职能归于新设立的政策研究室，基本上都成立了负责新闻宣传具体业务的新闻宣传(或信息)中心等专门机构。各级交通运输行政管理部门和企业事业单位都建立了新闻发言人制度，有些单位还建立了舆情监测分析团队，或安排专门经费向专业机构购买舆情监测分析服务。

在交通运输部的领导下，建立了覆盖省级交通运输系统及公路、运输、水运等子系统的新闻信息报送制度，并利用交通运输部政府网站的《全国交通信息联播》频道，滚动发布相关新闻信息。

## 二、主动引导意识明显增强

议程设置理论认为，在一个媒介化生存的时代，大众传播媒体虽然可能无法影响人们怎么想，却可以影响人们去想什么。美国学者伯纳德·科恩曾经说，新闻媒介在告诉人们怎么想这一方面可能并不成功，但是在告诉人们想什么的方面则异常成功。正是认识到新闻媒介可以为公众的思考与讨论设置议程，交通运输部成立以来，各级交通运输部门、单位及行业协会等，更加重视公共舆论引导的重要作用，坚持牢牢掌握公共舆论引导的主动权。目前，交通运输部每月一次的例行新闻发布会，都会将交通运输重点工作或人民群众关注关心的新闻信息，经过适当的加工处理，以媒体和公众感兴趣的形式对外发布。如果有重大突发事件或制定重大行业政策，还会召开专题新闻发布会，有时甚至会借助国务院新闻办公室或全国两会新闻发布会，由部主要领导或分管领导发布，从而吸引更多的公众关注、参与建议或传播。如2013年四川雅安地震、甘肃定西地震抢险救灾过程中，2015年“东方之星”号客轮翻沉事件发生后，交通运输部门在做好抗灾保通、应急救援工作的同时，积极主动发布相关新闻、信息，及时回应社会关注焦点；在做好北京APEC峰会、G20杭州峰会、上海进博会交通运输保障的同时，主动向媒体宣传交通运输各部门的先进经验与成绩；每年的春节、国庆黄金周运输高峰前，都要召开专题新闻发布会；在制定网约车管理暂行办法、修订《收费公路管理条例》及航海日等重大活动时，也要召开新闻通气会，应用政府设置议程实现公共舆论引导。绝大多数的新闻发布会或新闻通气会都会通过交通运输部政府网站进行文字、图片的直播。

仅在2018年，交通运输部主办或参与的新闻发布会就超19次。其中，1月、2月初就“桑吉”轮碰撞燃爆事故召开了两次专题新闻发布会，5月召开了长江南京以下12.5米深水航道全线贯通专题新闻发布会。2018年2月，交通运输部部长李小鹏、副部长刘小明受邀在国务院新闻办就“四好农村路”建设和交通运输供给侧结构性改革举行发布会。2019年2月28日，交通运输部部长李小鹏、副部长刘小明再次参加了国务院新闻办公室新闻发布会，介绍了交通运输行业深化供给侧结构性改革，推动交通运输高质量发展的有关情况，并答记者问。

近年来，交通运输部门领导对新闻舆论工作的重视程度和媒介素养不断提高，越来越多的领导主动走近媒体，通过发表报纸署名文章，走进广播、电视新闻直播间，或通过网络互动直播平台，与读者、听众、观众、网民进行交流，进一步拉近了交通运输行业和社会公众的距离，也牢牢掌握了涉及交通运输公共舆论的主导权。

## 三、主题宣传活动精彩生动

增强主题宣传活动的吸引力，对于巩固扩大舆论阵地意义重大。近年来，交通运输部门努力挖掘宣传主题的新闻性，抓住对社会具有强烈吸引力的重大事件、重大成就、典型人物等进行宣传报道，抓住重要的时间节点，超前谋划，稳步推进，形成热潮，同时善于整合中央媒体、行业媒体、都市媒体及网络媒体的资源，形成强大合力，使宣传报道的内容更加丰富全面，手法更加新颖独特，说理更加深入透彻，策划和组织水平明显提高。在增强主题宣传的吸引力、感染力方面，既着眼大局，又从小处入手，以群众关心的问题为切入点，宣传交通运输的政策与成就，做到了可读性强、可信度高、覆盖人群广、传播效果佳。

在2017年党的十九大召开、2018年庆祝改革开放40周年、2019年新中国成立70周年之际，交通运输部均组织了主题宣传报道，全面展现了交通运输的发展成就，取得了良好的社会影响。重点推出的上海海事局陈维、中国邮政集团“雪线邮路”司机其美多吉、“桑吉”轮登船搜救小组等先进人物，也较好地提升了行业的形象。另外，由交通运输部组织，各省配合进行的“小康路·交通情”“一带一路口岸万里行”“21世纪海上丝绸之路港口行”“我的公交我的城”等成就报道，都成为主题宣传策划积极引导公共舆论的成功范例。

特别是在2018年，为庆祝改革开放40周年，交通运输部组织中央主流媒体体验高速公路与农村交通的巨大变化，邀请王淑芳、姚泽炎、杨苗苗、钟松民、方秋子等5位交通运输行业代表围绕“与交通运输改革发展共成长”到国务院新闻办公室与中外记者见面交流。12月中旬，由交通运输部政策研究室主办，中国交通报社、中国交通报刊协会承办的“辉煌·见证——改革开放40周年全国交通运输行业发展成就摄影大赛”，优秀的获奖作品在人流密集的北京地铁天安门东站展出，并在其他城市巡展，引起了全国各地观众的极大共鸣。

## 四、突发事件舆论引导能力稳步提高

国务院办公厅印发的《2016年政务公开工作要点》要求，遇有重大突发事件时，负责处置的地方和部门是信息发布的第一责任人，主要负责人要当好“第一新闻发言人”。特别重大、重大突发事件发生后，应在24小时内举行新闻发布会。

交通运输行业快速发展过程中不可避免地积累的矛盾和问题，在近年来引发出安全、质量等突发事件，随着功能日益强大的各类媒体的传播，加速进入社会公众的视野并形成强大的公共舆论，给突发事件处置造成了巨大的压力。但近年来，经历过各类突发事件的洗礼，交通运输部门按照“及时准确、公开透明、有序开放、有效管理、正确引导”的20字方针，积累了一定的舆论处置经验，应急宣传能力开始逐步提高。交通运输部在2015年6·1“东方之星”号客轮翻沉事件、2015年8·12天津滨海新区爆炸事故中的应急舆论处置，也成为行业内外公共舆论引导的样板。

早在2009年，成都市公交车自燃事件的应急处置，既反映了政府的开放姿态，也成为交通运输公共舆论应急处置的范例。2009年6月5日，成都市9路公交车在行驶中发生燃烧并造成重大人员伤亡。事故发生后，成都市政府及交通运输部门短时间内召开了5次新闻发布会(表 4-1),在全面回应了公众舆论的重大质疑并初步完成了责任认定之后,宣布成都市公交集团总经理辞职,高涨的公众舆论质疑声音渐渐平息。

**成都市政府的新闻发布会** 表 4-1

| | | | |
|---|---|---|---|
| 第一次 | 5 日 | 10 时 40 分 | 事故现场附近召开,初步核实 20 余人遇难 |
| 第二次 | | 14 时 50 分 | 通报最新伤亡数据,回应当时公众质疑声最大的"驾驶员是否逃离现场"等问题 |
| 第三次 | | 23 时 20 分 | 通报最新的伤亡情况,认为"车内燃烧的汽油并非来自公交车",表态将依法对事故进行责任认定 |
| 第四次 | 6 日 | 17 时左右 | 详细通报公交车和司机的相关信息,针对公众关于为何安全锤没有发挥作用以及司机有何背景等重要疑问,强调成都警方在现场发现 3 枚安全锤遗骸和驾驶员曾是成都公交北星公司抗震救灾先进个人等信息 |
| 第五次 | 7 日 | 23 时左右 | 公布事故的初步调查结果,回应了以上质疑,认定事故为"有人携带汽油上车",但"不排除过失或故意引燃导致事故发生,但可以排除爆炸引发燃烧"。而且表示"目前有证据证明,在起火后驾驶员曾操作开门开关",进一步回应了驾驶员如何作为的质疑。成都市交委负责人再次向公众道歉,向社会公布了整改措施 |

银川公交纵火案的应急舆情处理同样体现了政府公共舆论引导能力的进步。2016 年 1 月 5 日 7 时许,宁夏回族自治区银川市公交公司 301 路由贺兰县开往银川火车站的公交车,行驶到 109 国道贺兰县金盛国际家居广场时,突发人为纵火,导致多名乘客伤亡。当天 9 时 22 分,银川市政府新闻办官方微博(@银川)就权威发布了官方消息。9 时 30 分,银川市委市政府官方微博(@微博银川)转发并同步发声。随后,各大媒体纷纷引述报道。15 时 20 分银川市召开新闻发布会,就公安抓捕、现场消防救援、医院救治、交通等方面及时回应社会关切问题。据第二天监测数据显示,相关报道媒体超过 100 家,百度网页内容超过 55 万个。由于官方及时披露案情,社会舆论从关注交通运输安全转向谴责犯罪嫌疑人。且从总体来看,舆论愤怒伴随痛心,反思多于责问,舆论场整体表现趋于成熟,银川相关部门对于突发事件舆情危机处理功不可没。从危机处置结果来看,当地恰当的处理方式展现了优秀的舆情应对能力,值得其他地区和部门借鉴。

案例分析

## 让权威信息跑在谣言前!

### ——"东方之星"号客轮翻沉事件舆情应对处置启示

2015 年 6 月 1 日 21 时约 32 分,重庆东方轮船公司所属"东方之星"号客轮由南京开往重庆,当航行至湖北省荆州市监利县长江大马洲水道时翻沉,造成 442 人死亡(事发时船上共有 454 人,经各方全力搜救,12 人生还,442 具遇难者遗体全部找到)。

"东方之星"号客轮翻沉事件伤亡惨痛,与事件相关的一系列热点讨论话题,如事故起因、天气状况、船长行为、具体救援打捞方法、老年人低价游等，都受到全国人民甚至全世界的关注。各媒体铺天盖地的报道，事发现场流传出的各类信息，不同领域所谓专家的分析评点，频频引发了网络社会的热烈讨论和质疑，本来很有可能形成舆论危机。仅在6月2日至10日期间，有关“东方之星”号客轮翻沉事件的网络媒体报道量高达145900篇次，纸媒为10700篇次，微博为87300条，论坛为19000篇次，博客为7200篇次。但是由于政府行动及时，包括交通运输部在内的各部门信息公开透明，使得此事获得了网民较高的评价。

**1. 案例整体评价**

整体评价，作为一次特大的灾难性事件，事故发生时政府和相关部门诚恳和负责任的态度，赢得了公共舆论一定程度的认可。交通运输部及所属部门、单位在舆情应对和引导过程中的表现可圈可点，也积累了丰富的经验。

**1）党和政府高度重视，第一时间发布救援行动信息**

事件发生后，习近平总书记作出重要指示，要求全力做好人员搜救工作；李克强总理就救援工作作出批示并即赴现场指挥搜救。《习近平李克强委托马凯慰问遇难者家属》《中共中央政治局常委会召开会议　部署客轮翻沉事件救援处置工作》等相关报道，特别是对于中央政治局常委会会议提出“全力救援、善后处理、彻查原因”12字方针的广泛报道，让公众感受到党和政府的高度重视。

各级救援力量应急而动。梳理新闻媒体报道，6月2日7时左右，交通运输部启动一级应急响应；12时左右，空军派6架飞机赴长江沉船地域侦察救援，第一批潜水员抵达现场，开始下水施救；12时30分，沉船游客完整名单公布；12时52分，一位65岁老人被潜水员救出；13时左右，海军从北海舰队、东海舰队、南海舰队和海军工程大学抽调组成140余人的搜救力量；15时30分左右，中国气象局表示可以肯定发生了强对流天气，武警湖北总队、湖南总队共派出1000余名官兵、48艘救援船；17时13分，武警湖北总队第二梯队1000人赶到现场救援；17时30分，“东方之星”号客轮翻沉事件第一次新闻发布会举行；20时30分，中国气象局分析认为沉船事发时段当地出现龙卷风，风力12级以上，南海舰队55人救援分队赶赴现场……

党和政府的高度重视，国家救援力量迅速启动，形成紧急救援的时间轴，以最快速度在国内外传播，有效地主导了公共舆论的走向。

**2）坚持开放发布信息、有效控制谣言**

中央政治局常委会会议提出，要加强新闻宣传和舆论工作。要按照及时、准确、公开、透明的原则发布信息，主动发布权威信息，回应社会关切。马凯副总理6月3日晚在监利主持召开国务院工作组会议时表示，要严肃认真开展事件调查，确保拿出一份经得起历史检验的事件调查报告，及时、准确、公开、透明发布信息，主动回应社会关切。时任交通运输部新闻发言人徐成光6月3日也透露，事件的调查工作将坚持按照“决不护短、决不掩饰”的原则开展。这些坚决的表态，有效地引导了网络舆论。

“东方之星”号客轮翻沉事件前方指挥部召开的多场新闻发布会成为媒体的主要新闻来源，最大程度满足了民众的知情权。信息的及时公开，使得舆论猜测、谣言得到有效控制，压缩了发酵时间和传播空间。此外,新闻发布会的及时持续召开,甚至以小时为单位向媒体通报救援最新进展等举措,也及时消除了舆论焦虑。据统计,事故发生6天内,有关部门已在事件现场连续召开了13场新闻发布会,交通运输部、卫生和计划生育委员会、民政部、解放军以及湖北省等相关负责人到会发布情况,并回答记者提问,及时、准确、公开、透明地通报救助、打捞、调查等信息。新闻滚动式发布、举行多场新闻发布会等措施,赢得了舆论的认可。

还有一点值得关注,就是对外媒开放的态度。6月3日一早,有的日本媒体还在炒作所谓"中国管制媒体"。但就在当天上午,中方专门组织美联社、NHK、《读卖新闻》等20多家外媒进入沉船核心区采访。日本TBS电视台6月3日18时30分播发新闻称,"中国政府竟然允许外国媒体到救援现场采访,并且还为外国记者准备了船只,真是前所未有"。

**3)主流媒体承担主导责任,政务新媒体初担重任**

在此次突发灾难件事件中,各主流媒体坚守专业精神,多方合力还原事件的真实面貌,不留给网络谣言生存的空间,主要呈现以下特点:一是动态播报灾情。综合运用文字、图片、图示、电视直播、动画动漫等多种形式,让网民及时了解救援情况。二是加强信息策划。除了及时发布救援信息外,媒体还发布《救援倒扣客船三大难点》《水上沉船逃生自救手册》等专业信息,及时消除网民心中疑惑,避免"杂音"的出现。三是突显救援细节。"湖北监利的士系上黄丝带为沉船者家属义载""潜水员官东让出氧气罩被卷进深水区"等细节报道让网民感受到温情。四是及时通报诈骗短信,如"家属微博寻亲却引来诈骗短信"等。五是实行24小时值班制度。多数媒体24小时不间断值守,密切关注救援信息,以"@人民日报""@央视新闻""@中国交通报"为代表的主流媒体微博确保了救援信息的第一时间发布。六是在报道中不用"打捞""尸体"等词汇,不将镜头对准遇难者遗体,将"灰""白"设置为信息发布平台的主色调,停播娱乐节目等媒体行为,均体现尊重生命、生命至上情怀,赢得网民的充分认可。

在"东方之星"号客轮翻沉事件的新闻报道上,各级政务新媒体初显强大的传播引导力:一是官方于24小时内公布全部乘客名单,各地媒体广泛转载;二是媒体传播内容上更偏重于救援现场,如辛勤的"蛙人"救援的细节,而非以往"领导关心、救援及时"等空洞苍白的描述;三是各级政务双微及时发送相关消息消除民众疑惑,比如当时的气象条件、三峡蓄水救人、逃生技巧等,在明晰救援这一传播主线的基础上,与传统的纸媒和门户网站形成了传播合力。正如交通运输部新闻办负责人在事后总结时所说的,有关这一事件的各种信息公开透明,高强度、高频率曝光,职能部门与主流媒体、网站合力传播正能量,积极引导舆论,广大网民努力强化网络的"自净"功能,尽可能地消除了谣言产生、传播的土壤。

**4)公众媒介素质提高,自主遏制网络谣言**

正是因为党和政府及前方救援相关部门开放透明的态度和及时、全面的信息发布措施,为理性权威的意见领袖分析问题、发表观点提供了基础条件,引导广大群众自发形成众志成城、精诚团结的凝聚力,从而有力地遏制了网络谣言的产生和传播。

面对"来势汹汹"的质疑,许多网民自觉展开大规模的"反击",有几个例子给人印象深刻:

一是潜水员官东救人事迹遭到一些质疑,网民在为官东"点赞"的同时也指出,"出事时，赶往一线救援的是人民解放军，不是‘公知’也不是‘键盘侠’，这些人非但不能帮忙还制造网络戾气，可恶至极”。

二是面对有关沉船打捞、扶正等质疑，多数网民呼吁理性分析实际情况，“请‘键盘侠’息声吧，全国顶尖的救援力量都去了，他们的专业知识将远远超过你们这些只能打字的，别再添乱了”。

三是给予救援客观评价，网民的一则帖文很有代表性：“中国政府为了400多条生命，罕见责令三峡流量从1.7万立方米每秒降至7000立方米每秒。这条新闻淹没在茫茫微博中，虽不起眼，但是让我们看到了一个真正大国的态度。她是我们每天各种指责各种不满的中国，也是我们如今无比自豪和荣耀的中国。”

四是网民大声呼吁凝聚共识：“越是在危难时刻越体现出中华民族的万众一心。有党中央、国务院做坚强后盾，我们一定会战胜各种困难”。

### 2. 公共舆论引导启示

灾难事件的宣传报道和舆论引导是个很大的课题，特别是在新老媒体融合的转型期，官方、媒体、网民的思维都在发生变化，更需要用舆论场的集思广益、建言献策来服务于国家利益、民族利益。在新形势下，做好舆论引导工作，必须按照习近平总书记所强调的那样，把握好“时、度、效”。这是对新形势下舆论引导工作精髓和核心的高度提炼，也为做好舆论引导工作提供了方法论。

2015年6月4日召开的中央政治局常委会会议强调，要加强新闻宣传和舆论工作。要按照及时、准确、公开、透明的原则发布信息，主动发布权威信息，回应社会关切。这为做好重大突发事件的信息发布和舆论引导指明了方向。

通过“东方之星”号客轮翻沉事件的公共舆论引导，我们可以得出以下启示：

一是加大信息公开程度。以完全公开透明的方式回应媒体和公众，动态发布最新鲜、最准确的信息，回应公众的质疑和恐慌，如公开救援方案；召开新闻发布会，根据救援进展持续发布动态的汇总信息，发挥正面引导作用。

二是强化媒体的责任意识。新闻媒体要迅速传播真实信息，加强议程设置，通过发布权威解读，做好科学知识普及，消除公众疑虑；总结微博、微信、客户端等不同信息发布平台的特点，根据各自的特性和受众的特点，制定差异化报道突发公共事件的模式，使舆论引导行之有效；及时过滤虚假信息，如诈骗短信等，消除其潜在危害；第一时间揭露各种谣言，将它消灭在萌芽状态。

三是促进网络“自净”模式开启。防止谣言滋生蔓延，需要提高网民自身舆情素养，不造谣不传谣，并对各类质疑与撕裂社会共识的言论予以有力回击，为突发公共事件处置营造公正、客观的网络舆论环境。

## 第二节　现阶段我国交通运输公共舆论引导存在的不足

近年来，我国交通运输部门的公共舆论引导工作取得了长足的进步，但在不少地区、部门、单位也存在工作理念、方式、方法跟不上新形势需要的现象，在实际工作中暴露出了一些问题，需要引起重视并努力改进。

## 一、对重点易发舆情长效引导能力不足

在习近平总书记提出的党的新闻舆论工作的职责和使命中,“澄清谬误、明辨是非”体现了新闻舆论工作的原则性和思辨作用。交通运输的公共舆论引导很重要的任务就是批判舆论场似是而非的观点,纠正媒体报道的偏差,解答公众认知的疑惑。

交通运输与经济民生息息相关,但又有一定的专业性。由于公众长期以来对收费公路政策的认识不清、对物流成本总体构成了解不深,以及诸如此类的与人民群众切身利益密切相关的问题,社会上对于行业某些领域的现状或出现的矛盾存在比较深的误解或偏见,而我们的公共舆论引导平时主动设置议程的能力不足,习惯于只有在出现问题时被动地回复应对,未能建立起适应现代传播方式和公众接受能力的长效引导机制。

例如,“贷款修路,收费还贷”政策作为我国公路基础设施建设投融资政策的核心内容,自 1984 年实施以来,有效缓解了公路建设资金不足的矛盾,加快了我国公路建设的步伐。但近年来,社会公众和媒体舆论对于收费公路的批评与质疑可谓是此起彼伏、不绝于耳,而其中有大量的数据、观点与客观事实并不相符。公众并不特别了解我国的财政投入对交通运输基础设施建设投资的比例,让交通运输行业承担了并非自身责任的责难。但在出现与此相关的负面新闻报道和公共舆论时,交通运输部门或保持沉默,或被动应对,或寻求行政手段支持进行网络屏蔽,而没有通过有效的舆论引导手段,很好地利用媒体,向公众进行解释说明,纠正错误的舆论。如 2014 年 12 月 31 日,山东省人民政府办公厅下发了《关于进一步完善我省政府还贷高速公路有关收费政策的批复》,同意对《收费公路管理条例》施行前山东省通车及在建的政府还贷高速公路继续实行统贷统还和收费管理,待国家出台新政策后再按相关规定执行。2015 年 1 月 2 日,山东省交通运输厅还举行答记者问,为公众答疑解惑,但舆论并不支持。中国青年网发表报道称“山东延长高速收费年限称不好管理被批懒政思维”;《潇湘晨报》发表评论称“拖延高速公路收费期限有损公信”;《新华每日电讯》认为,在某种意义上,高速公路收费是依法治国的一面镜子,违法延长收费期限就是依法治国的反面教材。

其实,综观历年来与收费公路相关的公共舆论,质疑公路收费最核心的观点认为,公路作为公共产品应由政府提供,所以不应该收费。其实,公众并不能或不愿意理解,世界上并没有真正意义上的免费公路,只有“收税公路”和“收费公路”,任何国家的公路基础设施都不是无偿提供的。建设与经济社会发展水平和公众出行需求相一致的一定规模的公路,都需要大量的经费。收费与收税是此消彼长的关系,取消收费是可以通过提高税率或增加新税种的方式“等额置换”来实现的。在选择收费还是收税的时候,不仅要整体考量政策的公平合理性,还要看公共财政的实际能力。一些媒体和公众在呼吁取消公路收费时,往往没有意识到取消收费就意味着必须相应增加税收。燃油税费改革时,国家决定逐步有序取消政府还贷二级公路收费,其目的有三个:一是随着高速公路网的成型,希望给公众提供非收费形式的出行选择;二是解决开放式公路通行费征收成本过高和债务偿还困难的问题;三是解决路网成型后,由于收费造成的非必要绕行问题。所以在引导与收费公路相关的公共舆论时,一定要以通俗化的方式、以更加多元的传播渠道,向公众反复宣讲,收费公路取消收费并不是简单的撤销收费站点,还必须同时考虑剩余债务偿还、未来养护管理资金、税收政策匹

配等一系列问题。在讨论如何提供公路这一公共产品的时候，需要回答的是一道“收税”还是“收费”的“选择题”，而绝不是简单的“收费”或“不收费”的“是非题”。

物流成本问题同样如此。由于许多人并不清楚“物流成本”和“物流总费用”的区别和联系。因为一个笼统的“中国物流总费用占 GDP(国内生产总值)比例是发达国家 2 倍”的研究数据，便得出“物流成本高”的结论，并认为是阻碍经济社会发展和导致物价上涨的因素。但仅凭物流总费用多少并不能准确判断物流成本高低，因为还必须要同时考虑总费用背后所实现的物流总量。中国的物流成本其实远低于其他国家，而物流总费用占 GDP 比例是个经济结构指标，并不反映物流成本。而且，物流成本低也并不一定代表物流效率或物流水平高，就像用工成本低并不代表工人的工作效率高一样。但由于物流发展涉及发展改革、铁路、民航、邮政等多个部门和行业领域，交通运输部门此前没有足够重视这方面的知识普及和舆论引导，一提到物流发展，许多公众、学者就认为是成本问题，好像只要把成本降低所有问题就都消失了。一些地方政府一提发展物流就是“减、免、补”，使得一些物流企业的诉求就是“等、靠、要”，完全忽视了创造公平竞争市场秩序、完善法规政策和提高自身管理运营水平的重要性。目前存在的这些问题，与“物流总费用占 GDP 比例高说明物流成本高”这个概念的误导有着很大关系，使公共政策的科学制定都受到了影响。正是由于物流链条一般都非常长，物流成本的构成包括人力、装卸、燃油、通行费等非常多的部分，有些是显性的、有些是隐性的，但由于人们往往习惯于对自己看得见的、表面上了解的、容易引发共鸣的成本发表观点、意见，常常让高速公路收费成为首先被攻击的对象。对此，公共舆论引导部门应该重新审视物流发展问题，对一些影响大的流言应当及时澄清，避免“流言说一百遍被当成真理”的不良后果，让大家的注意力重新回到那些中国物流发展真正需要解决的问题上去。

### 二、突发事件应急新闻宣传总体水平不高

遇到突发事件特别是负面事件，掩盖或回避是一种本能的反应。“沉默的螺旋”理论告诉我们，公众在表达自己想法和观点的时候，如果注意到自己赞同的观点，且受到广泛欢迎，就会积极参与；而发现一种观点无人或很少有人理会，甚至被其他人批评，即使自己赞同它，也会保持沉默。意见一方的沉默造成另一方意见的增势，如此循环往复，一方的声音越来越强大，另一方越来越沉默下去。在交通运输公共舆论事件发生时，普通公众容易受到“周围意见环境的认知”或“意见气候”“多数意见”所带来的压力。由于公共舆论引导能力没有及时反应、积极介入，致使公众或因为缺乏自身判断、盲目跟风，或怕被孤立，不知不觉中改变已有的看法或观点，进而壮大负面舆论的力量。

原新华网网络舆情监测分析中心总监段赛民认为，地方政府在回应舆论压力时要避免犯两种错误，既不要成为装聋作哑的鸵鸟，也不能做叽叽喳喳的麻雀。大量公共危机管理事件处理的经验和教训告诉我们，谣言止于公开，政府要及时公开，权威公布。另外，对于网络舆情，要理性面对、积极引导、主动交流、诚挚以待。但是曾经在相当长时间内，一些交通运输部门、单位在应对交通运输突发事件时，新闻宣传反应迟滞，甚至表现出惰政思维，习惯动作是“捂盖子”，对信息“封、堵、删”，让信息饥渴的公众“饮鸩止渴”，结果谣言满天飞，极大地损害了政府形象。

以突发安全事件为例,事故发生后,事故原因、救援情况、追责问责这三个方面是社会主要关注点,也是突发安全事件易引爆舆论的主要发酵点。

一般而言,事故发生后舆论的第一反应就是,事故原因是天灾还是人祸?天灾不可控,属"不可抗力",舆论质疑会相对减少,政府救援正能量则成为"主角",如2008年5·12汶川地震、2015年6·1"东方之星"号客轮翻沉事件等;但如果是人祸,则属"人为因素",主观可控,故"不能原谅",像2015年8·12天津滨海新区爆炸事故、2017年8·10西汉高速陕西段重大事故等,事后追责的声讨就此起彼伏。

在突发事件处置过程中,政府相关部门的救援进展情况往往会成为舆论的关注点。目前,各地政府在救援行动上的努力有目共睹,新闻发布与宣传机制正不断完善。但实际操作中,政府救援却常常会成为次生舆情的多发地。失利表现在:一是救援过程存在判断力和技术性差错,导致救援行动不力,如2011年温州动车事故、天津滨海新区爆炸事故等;二是救援过程的报道重点有失偏颇,过多强调领导重视和领导指挥救援情况,而事件本身救援进展情况报道少;三是灾难事故报道被本地弱化引发质疑,存在故意弱化舆论嫌疑。可以说,灾情信息的发布已经被视作政府应急救灾能力的评价指标,其发布的数量、质量、时效、平台等都成为公众舆论评价政府态度的重要参考。

重大事故发生后,除了事故发生的原因,公众普遍还关注事后追责问题,即便是在事实不清的情况下,人们都倾向于希望有人能站出来承担责任,相应的责任处理自然成为舆情的关注点。事实上,政府问责的"程度"也是舆论解读政府对待事故反省决心的一个重要参考。当然,这种舆情表现的背后还是公众对政府执法能力和监督落实的期待。

### 三、公共舆论管理行业协同能力不足

垂直行业领域公共舆论管理最大的考验之一是协同能力,即能否做到部门联动和口径统一。部门联动即在危机管理过程中有效地组织各部门之间沟通与互补,通过良好的沟通与有效的信息交流,整合资源,共同行动。协同处理危机的联动运作模式,分为横向、纵向联动两种。横向是指与事件相关的多个责任主体之间协调行动,纵向是指上下级之间联合行动。口径一致同样要求尽可能地避免行业内不同的回应主体过多而造成的口径不一。尽管信息发布的方式是多样的,但不同方式发布的信息内容必须具有一致性,必须做到数据统一、口径一致等。否则社会公众会无所适从,对政府发布的信息产生疑惑和不信任,影响政府形象。

从目前交通运输行业的新闻宣传机构的设置、日常的新闻宣传组织和公共舆论事件的处置、突发事件的舆论引导来看,交通运输行业的公共舆论管理的体制仍不十分健全,缺乏一个覆盖行业、上下贯通、运转流畅的公共舆论管理系统。这是我国政府部门设置和交通运输行业的管理体制决定的。由于各级交通运输部门都属于本级地区政府管理部门,公共舆论引导主要受地方党委、政府领导,交通运输部、交通运输厅(局、委)对下级交通运输部门只是行业指导关系,在进行公共舆论引导方面,上级缺乏对下级部门的有效管理与制约,在引导某些公共舆论时沟通也不顺畅、不及时,缺乏统一的口径,步调也不一致。在涉及一些行业管理政策问题时,由于舆情事件发生在地方,地方对于相关政策的理解、把握或解释能力

不足，容易出现公共舆论引导方向性的错误。特别是发生突发交通运输公共事件时，由于处置工作多以地方政府为主导，交通运输部门特别是掌握重要政策信息的上级交通运输部门介入不够及时，常常导致应对媒体、发布新闻时，出现导向方面的偏差甚至错误，让交通运输部门在公共舆论中陷入被动，甚至影响事件的处置。

另外，除交通运输部新闻办公室与第三方（包括中国交通报社）合作初步建立了网络舆情监测制度外，省、市、县的交通运输舆情监测发展总体仍显得滞后，有些地方不能及时地了解掌握发生在本系统本区域内的相关舆情事件，这在很大程度上影响了对公共舆论处置的及时性、有效性。而新闻发言人制度建设虽然在速度上有了很大进展，但在具体的运行机制上，还存在许多需要完善的地方。

## 四、新闻发布与信息公开机制不完善

政府信息公开是世界上任何一个政府都要面临的重大课题，各国都在进行相关的探索。中国从20世纪80年代开始进行政府新闻发布工作，但把新闻发布真正作为一项制度进行建设则始于2003年。这一年，中国提出建立健全国务院新闻办、中央各部门、各省（区、市）政府三个层次的政府新闻发布制度，新闻发布要做到经常化、规范化、制度化。而同样发生在这一年的“非典”疫情，使这一制度的建设速度加快。

政府新闻发布制度作为政府信息公开的实施机制，具备了强大的政治沟通、议程设置和政府公关能力，可以帮助政府有效地公开信息、引导社会舆论、树立良好的社会形象。因此，新闻发布制度已经成为我国政府提高执政能力、构建社会主义和谐社会的一个重要突破口。但目前我国政府新闻发布制度还存在着许多问题，导致政府信息不能及时、有效地公开，公众的知情权得不到保障。

各级交通运输部门已经广泛建立了新闻发言人制度，定期举行新闻发布会，或就某个主题举行专题新闻发布，但中国舆论的开放进程，比发言人制度的进步要快得多。在具体新闻发布工作中，还存在着一些部门或地方政府不敢说、不愿说、不回应，以及一些发言人或领导干部讲话针对性差，曝出“雷人雷语”，引起舆论炒作的现象。在面对不少突发公共事件和群众关切事项中，一些信息发布不充分，引发社会质疑。

在落实《中华人民共和国政府信息公开条例》方面，各部门的态度积极性并不一致，信息公开机制仍有待完善。中国社会科学院法学研究所发布的《中国政府透明度（2018）》报告指出，政务公开未来仍有诸多提升空间。第一，信息公开的精细化程度不佳；政府预决算公开不规范，部分评估对象公开本级政府预决算信息较粗犷。仍有评估对象公开的政务服务事项办事指南内容不全面、不明确、不准确。第二，公众参与、政民互动有待加强；重大决策预公开效果有待提升，多数评估对象未告知征集意见的渠道或期间，或征集期限过短，公众无法有效参与，预公开反馈情况不理想，多数未告知意见采纳情况或不采纳的理由，反馈内容过于敷衍；第三，依申请公开仍有待规范，主要表现为答复不及时、答复格式不规范、答复内容不严谨、答复口径不一致。这些问题，在交通运输部门也有不同程度的存在，值得我们引以为鉴。

## 五、公共决策与公众沟通不畅通

问政于民，问计于民，问需于民，实行科学民主决策，完善公共政策决策机制，是民主社会的重要基础。公众参与公共决策已是大势所趋。公共政策的出台需要经过三重论证:正当性论证、程序正义论证、功利论证。程序正义论证强调,政策出台不仅仅是政府意志的产物、利益集团影响的结果,更是经过了公众的充分博弈和协商。安思坦、桑利、皮而斯和斯蒂菲而均认为公民参与是增进人民在决策程序中权利的一个重要手段。柏特曼强调了直接的公民参与在改善民主质量中的作用。弗里德曼把它看作是一个增进公众理解规划程序的重要战略。因为,公共政策的制定过程本身就是一个集中舆论、反映舆论并引导舆论的过程。公众参与,具有极其重要的功能,是贯彻民主信念的进一步落实,它可以发挥集体智慧去解决社会问题,也可以使更多公众通过参与的过程认识政府政策的制定和执行。

回顾此前交通运输部门进行的公共政策决策,不乏因缺乏民意参与、缺少与公众互动而引发公共舆论的批评、进而影响到政策执行效果的典型案例。2009 年,交通运输部决定采用字母标识符和阿拉伯数字对国家高速公路网路线编号。在中国高速公路的长度已经领先于世界的情况下,全面整顿标识是很有必要。但是制定的过程中,除了专家的论证,没有充分征询公众的意见、考虑公众出行的习惯;在实行过程中,没有充分利用政府网站和各种媒介广泛宣传新旧命名编号对照的情况,让公众对新标识做到心中有数,也没有规定统一的过渡期,让熟悉过去那些标识的司机逐步适应,因此产生混乱和不便,这一度引发了不少媒体和公众的非议。还有些公共政策由于宣传解释不力,也引发公共舆论事件。2009 年 5 月底,青海省政府办公厅出台《关于进一步加强行业管理促进出租车行业健康发展的意见》。6 月 13 日,青海当地媒体摘取其中的条文,刊发《出租车行业新政,经营权期限最长 8 年》一文,导致 14 日,西宁 5000 多辆出租车停运,300 多出租车司机到西宁市政府上访。但当地政府表示,关于出租车经营权的政策并没有改变,而是媒体和出租车司机对政策的理解出现了偏差。总结教训,如果政府部门考虑得更周全,提前做好宣传解释,就不至于一项善意出发的政策引发一场公共舆论事件。

近年来,交通运输部在问政于民方面做出了不少努力,通过各种方式直接听取普通百姓建议和意见,以使行业政策更加暖人心、合民意、有效果。如收费公路管理政策的修订调整,网约车管理新政的制定实施等,都会向社会公布草案、征求社会意见建议。2018 年,为了倾听群众呼声、查找突出问题、吸收基层智慧,不断提高政策研究针对性和实效性,更好服务人民、服务大局、服务基层,还在交通运输部政府网站专门开辟“问计于民　问计于网”专题。但相对于行业公共政策的总量而言,沟通交流仍不够充分,社会公众的参与度还有待提高。

## 六、不善用媒体,与媒体打交道的能力较弱

当前,信息化进一步发展升级,互联网渗透到社会生活各个方面,深刻改变着我们的生产方式、生活方式、思维方式和管理方式。特别是互联网作为新兴媒体异军突起,日益成为信息传播的主要渠道和社会舆论的集散地,打破了传统媒体一统天下的格局,形成了传统媒体与新兴媒体二元媒体结构和二元舆论生态。

面对新旧媒体融合发展的新形势,我们必须坚持党管媒体这一党的新闻舆论工作的根本原则,无论时代如何发展、媒体格局如何变化,都必须始终坚持,在任何时候任何情况下都

不能动摇或架空。坚持党管媒体，就必须把各级各类媒体都置于党的领导之下。党和政府主办的媒体必须姓党，必须抓在党手里、成为党和人民的喉舌，其他各级各类媒体也必须置于党的领导之下。回到交通运输行业本身，要么对于媒体融合发展的新趋势把握不准，要么对于党管媒体、如何管媒体的认识不清，同时对于掌控、利用媒体仍缺乏成熟的经验和有效的手段。在某些公共舆论事件中，仍处于被动状态，如收费公路问题，常常是《人民日报》、中央电视台等媒体争相发难，2011 年 5 月，中央电视台第 2 频道《经济半小时》《今日观察》等栏目推出《聚焦中国物流顽症》系列专题报道，运用最极端的案例调查和并不十分客观的报道，让交通运输部门非常被动。

不善于与媒体打交道，仍是交通运输行业领导干部普遍的能力短板。2019 年 2 月 11 日陕西省西安市广播电视台《党风政风热线》直播问政节目中，西安市某区交通运输局某领导回应“黑车”问题，遭主持人连发数问，这段视频在社交媒体上发布后，引发广泛关注。特别是作为一名行业主管部门领导，对于主持人的频频发问，张口结舌，窘态尽显。除了“黑车”本身问题客观的复杂性之外，该领导在节目中表现出的媒体应对能力明显不足，值得全行业警醒、反思并努力提高。

对新兴媒体的掌控和利用能力更是非常弱小。都市报、商业网站、自媒体均力求经济利益最大化，炒作、“标题党”极尽吸引眼球之事。由于交通运输部门平时与这些媒体的沟通联系非常少，缺乏预警体系，往往形成公共舆论事件后，再找地方宣传部门“灭火”，却是亡羊补牢，为时已晚。

## 厦门 BRT（快速公交系统）公交车纵火案

### 1. 舆情事件概述

2013 年 6 月 7 日 18 时 20 分许，厦门一辆 BRT 公交车在行驶过程中突然起火，共造成 47 人死亡、34 人因伤住院。事发后，有关部门迅速作出反应，全力组织抢救。然而，随即而来的事故原因调查却几经波折。事发当晚，厦门市公安局官方微博称“由于轮胎起火引发油箱燃烧而引起爆炸”，后又随即删除，引人遐思。

次日清晨，厦门市政府新闻办公室通报，经初步认定，此次事故是一起严重刑事案件，有关情况正在深入调查中。12 个小时之后，新闻办再发消息，称案件告破，犯罪嫌疑人陈水总被当场烧死，其系因生活不如意，悲观厌世而泄愤纵火。警方迅速侦破此案，却因“死无对证”，疑点重重而饱受争议。

通过 6 月 1—23 日的全网监测（图 4-1），发现此舆情事件在发生后，舆情不断发酵，在 6 月 11 日达到了峰值，此后由于官方应对及时，逐渐趋于平缓。这是继 2009 年成都公交车纵火事件之后，再次发生类似的故意纵火案，在引发民众拷问公共交通安全的同时，亦引起人们对多元利益下社会矛盾的深思。

### 2. 舆论关注度分析

厦门 BRT 公交车纵火案，引起国内高度关注，其性质恶劣、伤亡重大，令舆论倍感震惊。

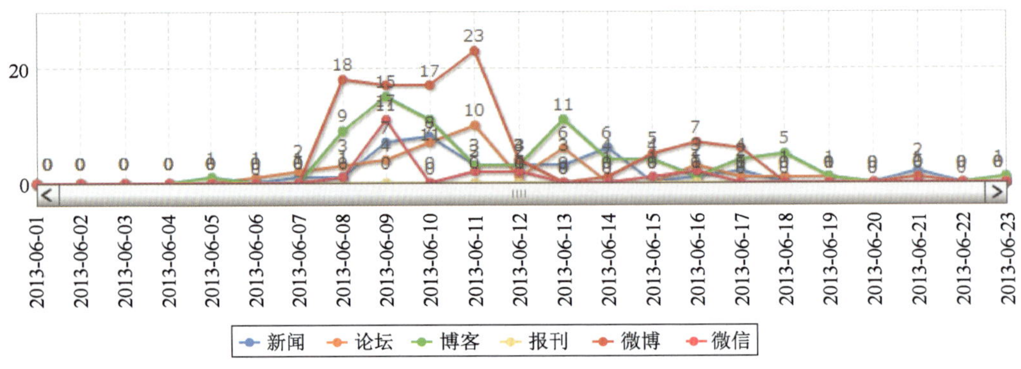


图 4-1 厦门 BRT 公交车纵火事件舆情走势图

随着对肇事者和缘由细节的披露,舆论对纵火事故的反思越来越多。本次纵火事件,截至 6 月 23 日,相关新闻有 70 多篇,论坛帖子(含博客)有 140 多篇。

### 3. 官方应对

#### 1)警方通报事故原因初步调查结果

2013 年 6 月 7 日,厦门市政府总值班室表示,此次公交起火事故已造成至少 20 人死亡,30 多人受伤。事故原因正在进一步调查中。随后,厦门市公安局官方微博(@厦门警方在线)发布消息称,事故是由于轮胎起火引发油箱燃烧而引起爆炸。该微博随后被删除。

6 月 7 日晚,厦门市政府召开紧急现场会。会议透露,事故公交车行驶到金山站时,突然后门起火,并有冒烟。司机迅速停车,并打开前后车门。据司机叙述,事发时车上大概有 80 人,起火后约三四十人逃下了车,目前有 29 人受伤。厦门市市长要求抓紧统计死亡人数和名单,调查工作也要同步展开。当晚,国务委员、公安部部长郭声琨受党中央、国务院委派,连夜率国务院工作组赶赴厦门指导处置工作。

#### 2)警方初步认定是一起刑事案件

2013 年 6 月 8 日 6 时 16 分,厦门市政府新闻办公室发布通报称,此次事故共造成 47 人死亡、34 人因伤住院。经有关专家会同当地公安机关现场勘查发现,起火公交车轮胎正常、油箱完整,现场发现的助燃剂经检验为汽油,而该公交车使用的是柴油发动机,由此可排除安全生产事故。经初步认定,这是一起严重刑事案件,有关情况正在深入调查中。

#### 3)召开新闻发布会通报工作进展

2013 年 6 月 8 日 9 时 50 分,厦门市政府召开新闻发布会,介绍伤员的抢救情况。市交通局局长表示,已成立遇难者家属接待站,组成安抚小组,按照“一人一组”原则,对应做好遇难者家属的安抚和善后工作。此外,从 6 月 8 日起,将对所有公交车采取安全员跟车措施,保证行车安全。市卫生局副局长介绍,34 名伤员全部分别被安置在厦门第一医院和 174 医院,其中 16 人伤势较重,伤者暂无死亡案例。发布会后,“@厦门警方在线”发布消息称,经全力侦查,已锁定犯罪嫌疑人,案件取得突破性进展。

**4)案件告破,嫌犯因悲观厌世泄愤纵火**

2013年6月8日18时24分,厦门市政府新闻办发布通报称,案件告破。犯罪嫌疑人陈水总被当场烧死。经警方深入、细致地侦查和技术比对,并在其家中查获遗书,证实陈水总因自感生活不如意、悲观厌世而泄愤纵火。面对公众对嫌犯纵火"死无对证"的质疑,公安部门表示,没有透露办案细节和现场找到的遗书等具体内容。

**5)厦门警方公布陈水总犯罪主要证据**

2013年6月10日,厦门市政府新闻办发布通报称,综合人证、物证、技术鉴定等各方面调查结果,确认犯罪嫌疑人陈水总于6月7日在闽DY7396公交车上实施了放火案。

首先,有证据表明,陈水总携带汽油上了闽DY7396公交车。经勘查,确认现场助燃剂为汽油,并在起火点提取到折叠式手拉车残留金属架、编织袋残片等相关物品。经走访调查和侦查工作确认,6月5日16时许,陈水总在厦门某售油点购买了汽油;6月7日16时左右,陈水总拉着一个载有编织袋的手拉车离家,之后上了闽DY7396公交车。侦查员在搜查陈水总住家时,提取到残留汽油的铁桶。

其次,有多名同车幸存者指认,陈水总在闽DY7396公交车行驶BRT快1B线进岛方向至金山站与蔡塘站之间时纵火,致使整部车猛烈燃烧。

第三,经笔迹鉴定,陈水总6月7日致妻、女的两封绝笔书系陈水总本人所写。

第四,经DNA技术鉴定比对,证实陈水总被当场烧死。6月11日,厦门市政府新闻办表示,该案死亡者遗体身份鉴定工作已全部完成,并公布死者名单。

**4.舆情点评**

6月7日晚间,厦门BRT公交车发生纵火伤亡事故,这一悲剧再度引发民众拷问公共交通安全。有专家建议,应均衡治理公共交通治安问题,提高公众对公共安全的警惕心理,形成群防群治的社会治安格局。

无独有偶,2009年6月,四川成都9路公交车在川陕立交下桥处发生燃烧,造成27人遇难、74人受伤,此次事故最后被认定为特大故意放火刑事案件。上述两起悲剧同属纵火刑事案件。犯罪分子都是采用汽油(柴油)进行作案。相比民航、铁路、水路等系统来说,道路运输在大多数地区尚未配备专门的治安队伍,防患力量不足,理应得以均衡化重视。

据悉,厦门快速公交系统BRT是国内第一个一次成网的快速公交系统,2008年9月正式投入使用。近年来,BRT逐步成为厦门市民出行的首选交通方式。有厦门市民曾在2012年写下了关于厦门BRT的建议。质疑称,超载现象和封闭式高架桥是快速公交最大的安全隐患,但监管未能及时跟上导致悲剧上演。

## 折达公路质量问题引发的思考:正视舆论,正视知情权!

2018年4月1日,央视新闻频道播发《甘肃"扶贫路"质量遭举报　钢筋双层变单层存在严重安全隐患》节目，曝光了投资近16亿元的甘肃折达公路，特别是考勒隧道，在2017年经举报被国家有关部门勒令整改后，施工单位只是在上面刷了层漆。

该事件被曝光后，引发了媒体和公众的高度关注。在不到一天的时间里，央视微博话题"16亿元扶贫路偷工减料"累计阅读量已达8000万次。截至4月26日24时，媒体报道量达到3877篇次。

### 1.舆情走势——在质疑与回应中不断升温

从舆情走势分析(图4-2)可以看出，该事件经历了三次舆情高峰。

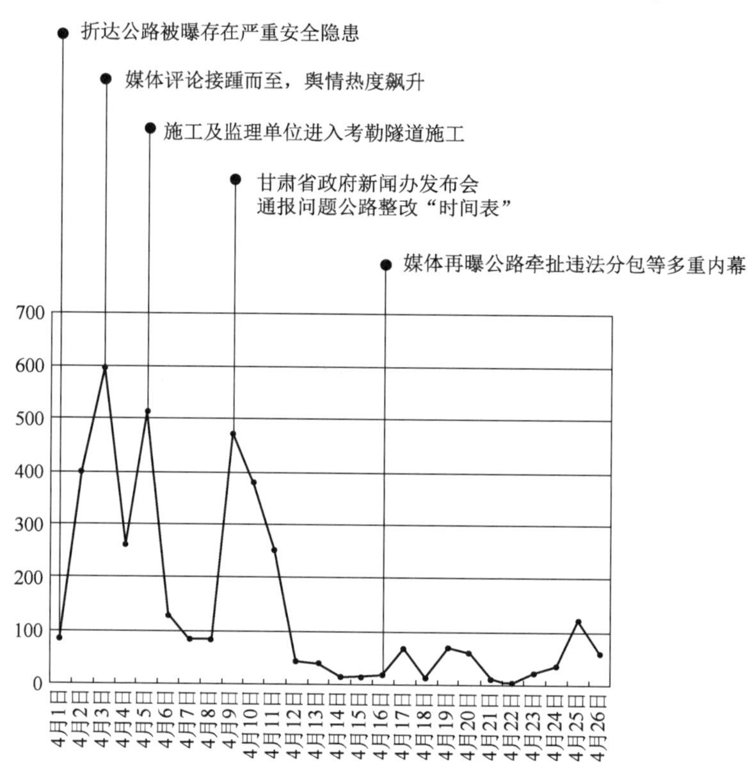


图4-2 舆情走势分析

#### 1)第一阶段：媒体曝光引燃舆论

央视曝光后，该消息通过网站、新闻客户端、微信、微博等多媒体平台同时传播。从中央媒体到地方媒体，再到微信公众号和网民评论，"扶贫路""严重安全隐患"频频出现在标题中，引发了公众对于"豆腐渣工程"的质疑，事件热度陡然上升。

当天，甘肃省交通运输厅在其官方网站上通报了对该事件的处理情况(图4-3)。4月3日上午，甘肃省委常委会对折达公路突出问题调查处理和整改工作进行安排部署。但这些官方声音传播效果一般，很快就被淹没在媒体的质疑声中。

#### 2)第二阶段：舆情全面爆发

这一阶段，媒体质疑与官方回应交织在一起，舆情全面爆发。相对于事件本身的工程质量问题，媒体齐刷刷地聚焦于政府作风，"形式主义""漠视""作风不实"等词频现整个网络舆论场。

关于中央电视台曝光折达公路考勒隧道问题处理进展情况的通报

发布日期：2018-04-01 22:29　信息来源：甘肃省交通运输厅　浏览次数：62499 次　字号：【大 中 小】

2018年4月1日上午10:30中央电视台对折达公路考勒隧道质量等有关问题曝光后，甘肃省交通运输厅紧急召开党组扩大会议对相关工作进行了安排部署，现通报如下。

省道折达二级公路是国道G213线和国道G109线的连接线。2008年11月，甘肃省发展和改革委员会以《关于临夏折桥至兰州达川公路工程可研报告的批复》（甘发改交运〔2008〕1084号）批复该项目为二级收费公路（2017年5月31日取消收费），估算投资15.7亿元。甘肃省公路航空旅游投资集团有限公司下属甘肃远大路业集团有限公司为项目建设单位，考勒隧道项目中标施工单位为核工业西北工程建设总公司，项目设计单位为甘肃省交通规划勘察设计院有限责任公司，项目监理单位为太原市华宝通工程监理有限公司。该项目于2009年8月开工建设，2013年12月交工投入运营。

会议传达了省委书记、省长、省纪委主要领导和分管副省长的指示精神，并形成了以下决定：

1、对折达公路考勒隧道立即进行交通管制，疏导车辆有序通行。

2、成立以甘肃省交通运输厅厅长为组长的调查工作组，立即赶赴现场组织交通质监、安监、公安交警等部门专家对考勒隧道安全再次进行检测

图 4-3　甘肃省交通运输厅官网相关通报截图

与此同时，官方回应的声音陆续发出。甘肃省交通运输部门通过网站信息发布、新闻访谈、新闻发布会等形式向社会公开工作部署和整改情况。4 月 4 日，甘肃省纪委监委表示，由省纪委监委成立的折达公路问题责任专项调查组已全部进点，正紧锣密鼓展开调查。相关消息被新华社、人民网、中国新闻网等中央、地方媒体报道，经腾讯、网易、新浪等门户网站转发后，官方声音逐步上升。

**3）第三阶段：官方发布整改“时间表”，舆论热度回落明显**

4 月 10 日，甘肃省政府新闻办召开新闻发布会，通报折达公路整改“时间表”。16 日，澎湃新闻等媒体再曝折达公路牵扯违法分包等多重内幕，甘肃省交通运输厅进行了回应。这期间，舆论以媒体报道官方回应信息为主，评论性报道大幅减少，折达公路事件虽还未结束，但已逐步退出舆论热点。

**2. 媒体关注焦点变化——整改的不只是公路**

梳理发现，媒体关注点从探究是否存在工程质量问题迅速转向，直指政府作风问题，成为此次舆情的显著特点。

消息被曝光之后，《新京报》4 月 2 日即发表评论，痛批当地监管部门对建设单位、施工单位公然的“体贴”乃至袒护，质疑其中是否有不正当的政商关系。澎湃新闻也表达类似观点：国家信访局都收到了举报，当地官员依然漠视质量安全，是谁纵容了他们的胆大妄为？问责调查，不能只依赖媒体镜头，是不是还有更多老虎苍蝇躲在镜头之外？

4 月 3 日，关于事件中折射出的作风问题成为舆论批评的焦点。《人民日报》刊发评论《有了好作风，才能修好扶贫路》称，期待当地党委政府能以此次事件为契机，以刮骨疗毒、壮士断腕的勇气祛除形式主义、官僚主义等作风积弊，营造风清气正的政治生态。人民网同日也评论指出，相比具体而微的单一问题，折达公路整改中所暴露的系统性问题更值得警惕。

需要整改的不只是公路,还有官场商场中的歧路。

**3. 网民意见表达趋势变化——从"泄愤"到逐步理性**

通过抽样分析可见,微博网民在事件初始阶段以情绪表达为主,在获取更多信息后,意见表达呈现理性趋势。具体意见主要集中在以下几点:

第一,该路段施工中出现严重质量问题,是否涉及利益输送及关联交易;

第二,明知存在质量问题,质检部门为何还予以验收通过;

第三,面对舆论监督,当地主管部门是否有消极应付逃避监管责任之嫌;

第四,重点扶贫工程为何会存在质量安全隐患,甘肃境内其他项目是否有类似问题;

第五,关注整改"时间表"和具体措施的进展情况。

**4. 点评——正视舆论,正视知情权**

该事件之所以在短时间发酵为热点舆情并持续多日居于舆论风暴眼,主要有三方面原因:

一是首发信源为央视,其媒体影响力使该事件在曝光后就迅速传播。

二是将扶贫路与问题工程联系在一起,公众天然对类似事件产生心理预设;媒体在跟进中又突出了对政府部门工作作风的质疑,使该事件多热点迭加。

三是相关部门在舆情爆发之初的回应与处置式微,在一定程度上成为引爆舆论的最后一根稻草。

从这一舆情事件中我们发现,媒体和公众对曝光事件的关注点已不仅局限于事件本身及反映出的问题,折达公路事件就指向了政府部门工作作风,可见类似舆情事件的延伸度在不断扩展。因此在舆情处置中,官方信息发布和舆情回应就显得格外重要。信息发布不仅要及时、准确,传递的方式也会表达"态度",产生无形的"意义"。在此次事件中,前期的回应明显过于单一,公众获悉官方声音的途径少,传播效果有限,负面情绪较高。直到发布会上政府部门对该事件的态度、处置被全面报道后,公众的知情权被满足,热度随即回落。

## 第三节　对存在问题的原因分析

交通运输公共舆论引导出现的问题,其实也是我国政府公共舆论引导的共性问题,而探究问题产生的原因,则需要从公共舆论的形成、发展规律中,分析交通运输部门存在的不足。

### 一、信息公开制度落实不力

我国国家机关尤其是行政机关曾经长期处于封闭的状态,政府信息往往是内部传达,先内后外,逐步公开,中间环节多、实施慢、范围窄。近年来,中国各级政府加大了信息公开的力度,如 2013 年 10 月 11 日,国务院办公厅主办的中国政府网开通了官方微博和官方微信。2016 年 2 月 26 日,国务院客户端 App 也正式上线。根据官方介绍,国务院 App 的核心功能是,发布政务信息和提供在线服务,作为新媒体平台,主要发布国务院重大决策部署和重要政策文件、国务院领导同志重要活动等政务信息,也是政府面向社会提供服务、与公众互动交流的新渠道。客户端的开通有利于创新信息公开方式、扩大政务公开参与渠道,也会促进法治政府、创新政府、廉洁政府和服务型政府的建设。而当前许多政府都在自己的政府门户网站上公开政务信息,在政府门户网站上及时发布信息,并对民众各种情绪作出正面回应,满足公众的知情权。此举取得了良好的效果,有力地推进了政务公开制度建设,促进了政府工作方法的改进,提升了政府的形象。但政府机关封锁信息、妨碍信息传播的习惯做法在交通运输行业一些部门、单位仍不同程度地存在,不能适应新形势下公民个人、经济组织、社会团体等多方面对于与自身利益密切相关的交通运输行业的监督、参与的需求,未能建立起传媒与行业管理部门之间、传媒与公众之间的完全畅通的信息通道和充分开放的互动性信息格局。

## 二、新闻宣传体制、机制不完善

首先,我国的交通运输管理体制仍是以块为主,交通运输部与地方交通运输部门只是业务指导关系,这也在很大程度上影响到了上级交通运输部门在公共舆论事件发生时沟通、协调的顺畅。

其次,目前的交通运输部门新闻宣传体制运行,更多的是从行业的发展成就、先进典型入手进行舆论引导,而对于可能产生负面影响的公共舆论事件的前瞻性不够,实践经验不多,准备不充分。

另外,交通运输部门新闻舆论信息收集工作仍比较滞后,现行的新闻舆论引导工作模式仍以静态舆论事后处置管理为主,缺乏舆情动态管控的前瞻和预测,缺乏规范的新闻舆论信息报送、分析、通报、应用和评估机制,新闻舆论信息的预警能力和应对能力不强,缺乏有效的应对突发事件和违法违纪腐败案件等负面报道的工作预案。

## 三、适应媒体发展趋势能力不强

从近年来发生的交通运输公共舆论事件的起源和发展来看,交通运输部门距离适应现代媒体的发展要求还有一定的差距。近年来,媒体竞争日趋白热化,网络迅猛发展,微博、微信、短视频等应用让每个人都拥有了信息发布终端,甚至成为“自媒体”“私媒体”。要认识到,新兴媒体和“自媒体”“私媒体”的兴起,加速了信息的流动,方便了公众表达,但也带来了信息碎片化、表达情绪化等问题。但交通运输公共舆论引导责任部门,对此缺乏足够的认识和应对的措施。

另外,目前,交通运输部门新闻宣传和舆论引导专业人才短缺,许多部门的新闻发言人多为本单位的专业转岗,新闻舆论传播等知识相对比较少,也缺乏系统的媒体公关训练,不能完全适应新媒体的发展要求,个别人不会与媒体打交道,在公共舆论引导中依然存在“不会说”“不慎说”等问题。

## 四、公众诉求与媒体取向有失偏颇

当今社会多元的公众利益诉求决定了公共舆论声音的杂乱。而当与公众利益诉求有关的交通运输公共事件发生时,媒体因为抢抓第一时间新闻,可能因仓促而导致报道失真,为追求更大的关注度而报道了不适合报道的信息,渲染突出了个别细节,造成了不良的社会影响，另有个别职业素养不高和职业道德不良的新闻工作者过分追求轰动效应、吸引眼球，寻找卖点，利用公众的情绪故意炒作，甚至张冠李戴、子虚乌有。片面、偏激的信息、观点或利益诉求会在媒体的传播与公众的交流互动中不断强化，从而形成传播学中与“沉默的螺旋”相对应的“偏激共振”现象，这些先入为主、非理性、极端化的舆论表达，严重影响交通运输行业的声誉和形象，造成交通运输部门的极大被动，甚至演变成舆论暴力，伤害社会的和谐、互信和稳定。

## 哈尔滨大桥“垮塌”事件

### 1. 事件概述

2012 年 8 月 24 日早晨，哈尔滨一处新建大桥坍塌，4 辆货车翻到桥下。事故共造成 3 人死亡，5 人受伤。媒体曝出该桥是哈尔滨新建的阳明滩大桥，建成不足一年。

8 月 24 日中午，哈尔滨市政府举行第一次新闻发布会，就大桥坍塌事件发表官方说明，通报了死伤人数与货车的简单情况。哈尔滨市政府副秘书长在发布会之后的采访中表示，坍塌原因初步认为可能与货车超载有关，具体原因还需进一步调查。

8 月 25 日下午，哈尔滨市政府就大桥垮塌事件举行第二次召开新闻发布会。发布会通告事发桥段并非阳明滩大桥，并将事故定性为“侧滑”而非坍塌。发布会公告称事故原因正在调查，伤者正在全力救治。此外，发布会还就倾覆车辆、桥涵排查与车辆超载治理情况进行通报，并否认“找不到施工单位”一说。

8 月 27 日，哈尔滨市政府举行第三次新闻发布会，通报了三环路群力高架桥洪湖路上桥分离式匝道侧滑事故的设计单位、工程资质、施工单位和监理单位，并再次强调发生事故的匝道与阳明滩大桥没有关系。

### 2. 舆情发展态势分析

#### 1）微博关注度分析

各大微博对“哈尔滨阳明滩大桥垮塌”事件的关注度呈现爆发式增长，其中以腾讯微博上的增长最为明显。腾讯微博已出现 13 万 6 千余条相关微博。事件发生在早上 5 点半左右，而 6 点之前就已出现 73 条相关微博。6 点时相关微博就暴增数倍到 560 余条，7 点又暴增数倍到 3100 余条，8 点之后的相关微博数量就已经上万了。中午 10 点达到本日的关注最高峰 3 万 9 千多条。11 点之后，微博关注度大幅回落。具体情况如图 4-4 所示。

#### 2）舆论关注度走势

舆论关注度走势如图 4-5 所示。从图上看，新闻和微博对大桥侧滑事故的关注度走势大体相同。由于舆情需要一定的发酵时间，微博在事故发生的第二天（25 日）出现关注度高峰。27 日，哈尔滨市政府召开第三次新闻发布会，新闻对侧滑事故的关注度形成新的小高峰。

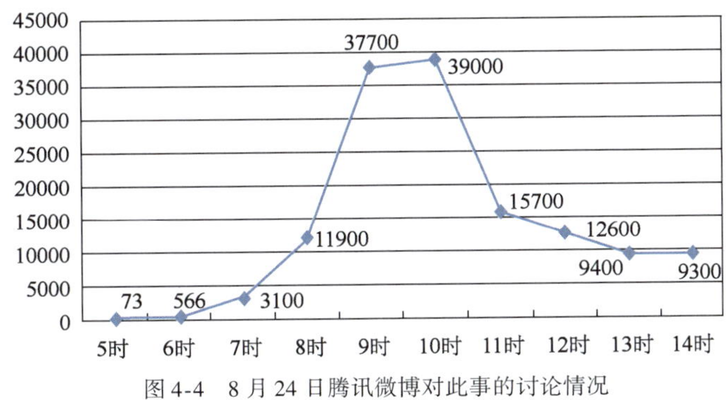


图 4-4　8 月 24 日腾讯微博对此事的讨论情况

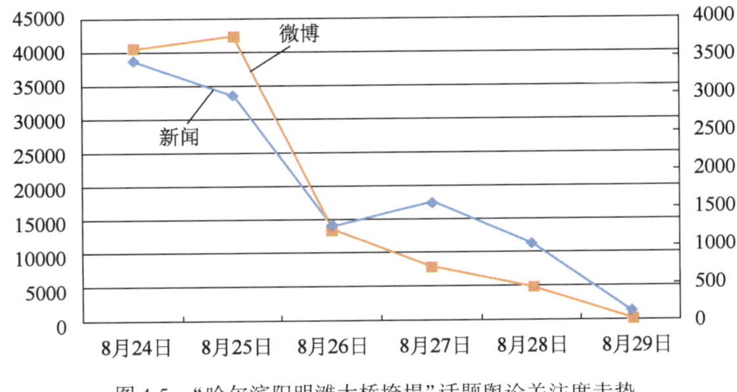


图 4-5　“哈尔滨阳明滩大桥垮塌”话题舆论关注度走势

24 日早晨，中央电视台发布消息称“哈尔滨阳明滩大桥发生事故”。由于权威媒体最早发布的出事地点为“阳明滩大桥”，之后虽然哈尔滨市政府多次表示事故与阳明滩大桥无关，但仍招来一片质疑。

24 日午后，人民网发来了新闻发布会的消息，哈尔滨市政府在接受采访时表示初步怀疑车辆为超载。“超载说”一时引发网上热议。

24 日晚间，人民网再发一稿：“哈尔滨市建委表示，因为阳明滩大桥施工指挥部已经解散，所以无法查询到是哪家单位负责的这段事故桥梁。”这条消息的影响力不亚于“超载说”，有微博用户立刻通过新闻影像资料整理出大桥相关建设单位的名录。

25 日，《南方都市报》《新京报》等各大都市报开始发力报道。《南方都市报》发表题为《哈尔滨大桥垮塌，官方：疑为车压的》的文章。《新京报》发表社论：《哈尔滨高架桥坍塌，全是超载惹祸?》。原央视主持人(@张泉灵)在微博上说：“据说(阳明滩大桥)还申请鲁班奖？鲁班得气得活过来再死一遍!”25 日下午，中新社传来哈尔滨市政府关于大桥垮塌事故的第二次新闻发布会的实录。新闻发布会通报了伤员救治情况，声明事故发生地并非阳明滩大桥，并澄清“找不到施工单位”一说。

26 日，已经有媒体将报道的焦点转移到事后问责。新华社发表评论：《哈尔滨塌桥事故背后有何“难言之隐”》。人民网发表文章：《哈尔滨市建委回应大桥坍塌事故说法前后矛盾》，文章引用网友“曾筱琪”的话：“昨天建委说查不到，今天政府说这事不存在，其实不管到底怎么回事，我们只希望，事故的原因能够尽快查明。”

27 日的《黑龙江日报》刊文：《以人为本科学排查彻底整治，坚决杜绝类似事故再度发生》。27日下午,人民网传来哈尔滨市政府第三次新闻发布会的内容。人民网的消息称,新闻发布会公布了事故大桥的设计、施工和监理单位。

28日媒体主要以评论的形式继续关注哈尔滨大桥侧滑事故。《济南日报》发表评论:《大桥已经坍塌,真相不能跌落》。《中国青年报》发表评论:《没有安全感哪来幸福感》。

**3. 网民观点倾向性分析**

网民观点分布如图4-6所示。

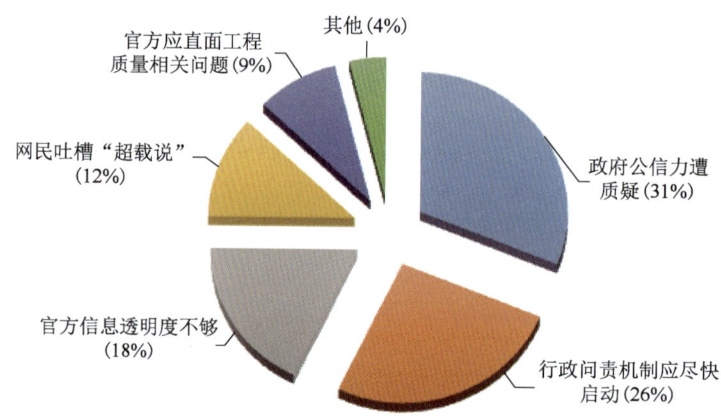


图4-6 “哈尔滨阳明滩大桥垮塌”话题网民观点分布

**1)政府公信力遭质疑**(31%)

网友“铁血柔情快乐”:直到25日的新闻发布都没公布是谁干的,诚意何在?政府的公信力何在?更让人瞧不起的是,通篇使用“侧滑”一词来搪塞民众。塌了就是塌了,连错误都不敢证实,还能指望说实话么?

网友“曹林”:举国媒体都聚焦哈尔滨,用的词都是“大桥垮塌”,只有哈当地媒体用的是“匝道侧滑”。看看当地网站的这篇报道:哈尔滨三环高架桥匝道侧滑,20多名农民工手掰车门救人——突发事件后地方政府两招公关手段:一是玩弄文字游戏粉饰灾难;二是打感动牌混淆视线掩饰问题。

网友“连鹏”:面对舆论质疑,我们的官员,没一个道歉的,甚至解释和澄清都欠奉。他们知道,再多的批评和谴责,只要领导满意、不影响升迁,爱咋骂咋骂。如这次哈尔滨大桥坍塌,他们首先想的是避责,说找不到责任单位,就是权力的蛮横惯性行为。

**2)行政问责机制应尽快启动**(26%)

网友“韩志国”:民众与社会对官员本来就毫无约束能力与制衡手段,如果问责制再虚晃一枪,那就意味着放纵官员渎职和妄为。重启问责,从哈尔滨垮桥做起。

网友“杨普”:桥垮塌了,有很多原因,但是“人”的问题才是所有问题的根本,人祸猛于虎。面对一次次的悲剧,一次次的伤痛,政府应该再多一些勇气,多一些决心,敢于承担责任的勇气,敢于追究责任的决心。

**3)官方信息透明度不够**(18%)

网友"詹国枢":哈尔滨桥梁坍塌事故发生三天后,公众居然至今仍对"桥是谁修的"不得而知。巨大的尴尬背后是公众越来越强烈的质疑:有关方面对桥梁设计、施工、监理单位讳莫如深、秘而不宣,究竟有何"难言之隐"?

**4)网民吐槽"超载说"**(12%)

网友"范炜":车"超载"了,车胎没爆,桥塌了。

网友"艾德嘉 tony":据说在中国能安全过桥的只有米线了。

**5)官方应直面工程质量相关问题**(9%)

网友"晓东识途":哈尔滨市阳明滩大桥引桥垮塌事故定性为"分离式匝道侧滑"。目前公开的信息是货车严重超载行驶,设计上存在先天不足。但混凝土里含有鹅卵石、木头等混合物,一条编织袋若隐若现,梁箱体内部钢筋没有被绑扎,设计单位、施工单位、监理单位相关资料迟迟不对外公布,不禁让人浮想联翩。

**4. 媒体评论**

**1)新华社:《哈尔滨塌桥事故背后有何"难言之隐"》**

重要的市政交通工程项目,"公开、公示"是最基本的要求;鲜血和生命的教训前,不存在"不能说的秘密"。细致深入的事故原因调查有待时间,但及时回应社会关切、随时公布事态进展,尤其在第一时间公开桥梁涉及单位名单,却是当地政府及有关部门的应尽之责,这是对伤亡者家属和社会公众知情权的基本尊重,也关系到有关方面对待这次事故的基本态度和查处决心。

**2)工人日报:《大桥"侧滑",善后程序一个都不能少》**

调查、问责、公开、反思!事故发生之后的善后程序,一个都不能少。一次完整的善后是为了保证更多桥梁等城市基础设施建设使用的安全,是为了保证更多百姓出行的平安。

**3)新京报:《哈尔滨高架桥坍塌,全是超载惹祸?》**

即使桥从设计到建设没任何问题,大桥坍塌也不能只归咎于超载。既然当地超载严重,平日里有没有加强对超载车辆的查处,限制其上桥?大桥垮塌不可能毫无征兆地发生,超载对大桥的损害必然是日积月累,可在大桥的日常维护工作中,为何未及时发生事故隐患所在并采取措施?此次大桥坍塌,设计、施工、日常管理维护,三个环节,必有一个存在问题。对此,国家安监总局新闻发言人黄毅昨天也表示,"我认为刚投入运行一年就发生断裂坍塌,肯定有问题。"至于到底是哪个问题,希望这次事故的调查,能揭开真相,给公众一个令人信服的说法。

**4)北京晨报:《不问责比大桥坍塌更可怕》**

耗资十多亿元的大桥,不仅承载着公众的出行安全,更事关党和政府的形象,如此巨大工程容不得丝毫麻痹大意。不折不扣地保障工程质量安全,这本该是相关部门义不容辞的责任。然而,总投资18.82亿元的大桥,在建成通车不到一年之后,便发生整体塌落,不仅给百姓的生命财产安全造成惨重损失，更赤裸裸地暴露出这是典型的“豆腐渣”工程。当然，如此问题工程的败露，更是摆在有关部门面前情真意切的“反腐线索”。

### 5. 舆情应对

大桥出现事故后，各相关机构纷纷回应。其中既有些许亮点，又有若干不足。

#### 1)亮点一：响应迅速，及时更新

大桥侧滑发生在24日早晨五点左右，当天中午哈尔滨市政府就召开了第一次新闻发布会。发布会通告了死亡人数，并表示事故原因可能是货车超载。面对舆论中的质疑声，25日下午哈尔滨市政府召开第二次新闻发布会，确认货车超载的事实，并表示具体原因有待进一步调查。第二次新闻发布会还澄清了事故地点，并否认“找不到施工和监理单位”。虽然新闻发布会不断地澄清事实，然而舆论的质疑还在继续。27日，第三次新闻发布会召开。新闻发布会公布了大桥的施工和监理单位，并再次强调出事路段与阳明滩大桥无关。

#### 2)亮点二：重在证据，各方参与

哈尔滨市政府为证明事故桥段与阳明滩大桥无关，没有停留在口头上的表态，而是利用地图和设计图等方式向公众解释。关于货车超载的问题，新闻发布会也公布详细的数据。哈尔滨市政府提供的证据经得起推敲和验证，是本次舆情应对的一大亮点。除了政府负责机构，其他各方也参与回应质疑。

针对有媒体指出在大桥断裂部分看到鹅卵石和编织袋，大桥第四标段的承建方表示记者所看到的编织袋应该是无纺布，在桥梁伸缩缝中采用无纺布和泡沫等是正常的做法。

#### 3)不足一：前期单方面强调“超载”

尽管24日中午的新闻发布会相当及时，但单方面强调事故原因“可能是超载”有失妥当，容易造成推卸责任的印象。24日新闻发布会后，网友纷纷调侃“超载说”对政府处置事故的公信力有影响。

#### 4)不足二：对责任单位语焉不详

关于事故桥段的施工单位与监理单位的质疑贯穿三场新闻发布会。24日第一场新闻发布会后，就有媒体曝出哈尔滨市建委称无法查询到哪家单位负责事故路段。第二次新闻发布会仅仅否认了“找不到负责单位的说法”，但仍然没有公布负责单位。直到27日下午的第三场新闻发布会，事故桥段的设计、施工和监理单位才予以公布。晚通报不如早通报，应避免语焉不详造成形象损失。

### 6. 舆情点评

一座刚刚建成10个月的大桥竟然突然坍塌，媒体和网络上对大桥背后存在的问题进行了热烈讨论和质疑。网民则给这座桥起个形象的名字“桥塌塌”或“豆腐渣工程”。也有网友认为通过大桥的四辆汽车全部超重也是大桥坍塌的一个原因。也有观点认为这不是“垮塌”而是“侧翻”，事件应该是一次重载车压翻桥梁的事故。

城市公共设施质量问题一直备受媒体和公众的关注。一旦出现事故，伤亡人数、事故原因以及相关责任人都需要及时向社会公布。在事故处置期间，相关机构还应针对潜在的风

险做出预判和补救。在哈尔滨新建大桥侧滑事件的舆情应对中，有以下3点值得思考和借鉴。

**1)与媒体赛跑，抢占话语先机**

与以往事故中"千呼万唤始出来"的新闻发布会不同，这次事故发生后不到半天时间，主管机构就召开新闻发布会，通报伤亡情况和事故原因。之后的3天时间又召开两次新闻发布会，及时通报最新情况。由于政府新闻发布及时，掌握话语的主动权，这次事故中没有出现明显的谣言传播。

**2)追赶舆论，与质疑并驾齐驱**

舆论的动态性要求政府新闻发布随时待命，质疑得不到正面的回应就会蔓延。本次事故的舆情应对紧跟舆论焦点，回应舆论质疑，在对话中消除公众对事件的误解和对政府的误会，三场新闻发布会功不可没。

**3)秉承科学的精神，重视证据的作用**

事物的变化是内外因共同作用的结果，忽视任何一方面都是不可取的。在第一场新闻发布会后，哈尔滨市政府相关负责人接受人民网记者采访时表示初步怀疑车辆为超载，但具体事故原因还要在专家组调查确定后对外公布。由于未涉及大桥本身的原因，网友纷纷调侃"超载说"。第二次新闻发布会通过地图和设计图向媒体解释了事故发生地与阳明滩大桥无关，相关图片被媒体纷纷转载。尽管公众对于"事发地是否是阳明滩大桥"仍有怀疑，但哈尔滨市政府提供的证据是经得起检验的。与仅仅口头解释相比，使用图表等证据进行说明的效果要好很多。

**4)主动反思，落实行动**

在事故发生后，尽管有媒体报道黑龙江省作出查找安全隐患、全面整改工作的部署，同时强调"不允许隐瞒作假"，但是一篇反思文章难敌千口。新华社、《中国青年报》《工人日报》《新京报》等多家媒体在事故发生后纷纷发表评论，直指哈尔滨市相关机构。事实上，媒体指出的都是关于预防和处置方面的常规问题，如果哈尔滨市政府能够像事故发生当天一样迅速主动作出反思，并落实到行动，将更有利于舆情的化解与政府正面形象的塑造。

# 第五章 新时代交通运输公共舆论引导的工作指针

越是面对大有可为的历史机遇，越是处于爬坡过坎的关键时期，越需要凝聚广泛的思想共识，熔铸坚实的精神支撑。新闻舆论工作处于意识形态斗争的最前沿。针对舆论环境、媒体格局、传播方式的深刻变化，作为新闻舆论工作者，必须把坚持正确政治方向摆在第一位，牢固树立马克思主义新闻观，肩负起新的时代条件下党的新闻舆论工作的职责和使命。

习近平总书记一直高度重视新闻舆论工作，重视新闻媒体的发展，发表了系列讲话，做出了许多重要指示。特别是党的十八大以来，习近平总书记从“治国理政、定国安邦”的高度科学审视新闻舆论工作，在全国宣传思想工作会议、党的新闻舆论工作座谈会、网络安全和信息化工作座谈会、哲学社会科学工作座谈会和全国高校思想政治工作会议等会议上，发表了一系列关于党的新闻舆论工作的重要讲话，深刻揭示了新闻传播活动的一般规律，全面阐述了党的新闻舆论工作的重要地位和作用、使命和职责、原则和要求。

## 第一节 准确把握新时代新闻舆论工作的总体形势

舆论导向正确，是党和人民之福；舆论导向错误，是党和人民之祸。新形势下，党要带领人民协调推进“五位一体”总体布局和“四个全面”战略布局，带领人民实现“两个一百年”奋斗目标，实现中华民族伟大复兴的中国梦，就必须坚持以正确的舆论引导人，全面营造有利于坚持中国共产党领导和我国社会主义制度、有利于推动改革发展、有利于增进全国各族人民团结、有利于维护社会和谐稳定的舆论环境。

要想深刻理解、准确把握、全面贯彻习近平总书记关于新闻舆论工作的重要论述，必须充分认识、准确把握其深厚的时代背景和丰富的时代内涵，特别是要全面了解新时代新闻舆论工作所处的背景条件。

### 一、国内形势的深刻变化

党的十八大以来，面对复杂局面，以习近平同志为核心的党中央带领全党全军全国各族人民，总揽战略全局，把握发展大势，开启了波澜壮阔的伟大奋斗，进行了新的伟大斗争实践，开创了中国特色社会主义伟大事业全新局面。习近平同志在党的十九大报告中明确作出中国特色社会主义进入新时代的重大政治论断。中国特色社会主义进入新时代，我国社会的主要矛盾已经转化为人民日益增长的美好生活需要和不平衡不充分的发展之间的矛盾。这是关系全局的历史性变化，对党和国家工作提出了许多新要求。

中国特色社会主义进入新时代，我们仍面临各种复杂、严峻的考验，各种矛盾相互叠加、集中呈现，各种利益诉求纷繁芜杂、争相发声，意识形态领域斗争形势依然复杂、严峻。多元思想文化相互影响、相互激荡，一些腐朽落后思想文化甚嚣尘上，不少社会个体思想道德滑坡，很多模糊认识、错误观点大行其道，有的宣扬西方价值观，有的丑化英雄人物，有的歪曲党的历史，有的否定基本路线，有的质疑改革开放，一些敌对势力内外勾结，混淆视听、蛊惑人心。在新的复杂形势下，新闻舆论工作面临前所未有的挑战，担负着更加艰巨的任务。如何在多元思潮中树立主导地位，如何在多样观点中谋求最大共识，如何在混乱诉求中把定方向，更好地引导舆论、凝心聚力，是新闻舆论工作必须直面、必须解答的时代课题。

## 二、全球格局的深刻调整

习近平总书记在党的十九大报告中指出，世界正处于大发展大变革大调整时期，和平与发展仍然是时代主题。“世界面临的不稳定性不确定性突出，世界经济增长动能不足，贫富分化日益严重，地区热点问题此起彼伏，恐怖主义、网络安全、重大传染性疾病、气候变化等非传统安全威胁持续蔓延，人类面临许多共同挑战。”❶各国人民需要同心协力，构建人类命运共同体，建设清洁美丽的世界。习近平总书记表示，中国将继续发挥负责任大国作用，积极参与全球治理体系改革和建设，不断贡献中国智慧和力量。

近年来，我国综合国力和国际地位不断提升，作为世界和平的建设者、全球发展的贡献者、国际秩序的维护者地位日益突显。但不同制度模式、不同发展道路之间的博弈日益加剧，全球格局和国际秩序正在加速调整演变。西方敌对势力不愿意看到崛起的、强大的中国，不断对我国进行意识形态渗透，不断抛出各种版本的“中国威胁论”“中国崩溃论”，抹黑、丑化、妖魔化中国。新闻舆论工作迫切需要直面复杂的国际舆论斗争，壮大中国声音，表达中国立场，阐述中国主张，提出中国方案，争夺国际话语权，逐步扭转国际舆论格局中“西强中弱”的被动局面，为维护国家形象和国家利益、构建人类命运共同体提供强大的舆论支持。

## 三、舆论传播的深刻变革

当今时代，舆论环境、媒体格局、传播方式都在发生深刻变化，互联网媒体化、社交化、现实化特点日益明显，网络空间与现实社会的联系和互动更趋紧密，已经渗透到社会生活的方方面面，深刻改变着我们的社会结构和社会关系，改变着党和政府的执政环境，改变着意识形态的生态环境。一批形态多样、手段先进、具有竞争力的新型主流媒体先后涌现，一批拥有强大实力和传播力、引导力、影响力、公信力的新型媒体集团初具雏形，一个新的传播体系和媒体格局正在形成。党的新闻舆论工作必须适应这种变化，尊重新闻传播规律，创新方法手段，切实提高传播力、引导力、影响力、公信力。

以微博、微信、微视频为代表的社交网络和移动传媒快速发展，特别是近年来，私人化、平民化、普泛化、自主化的传播者，以现代化、电子化的手段，向不特定的大多数或者特定的单个人传递规范性及非规范性信息的自媒体如雨后春笋般涌现，信息传播方式由展示向推送、分享转变，网络舆论传播主体日趋多元，舆论表达方式更为多样，舆论传播更为开放，新媒体的传播力、影响力，甚至引领社会舆论的趋势正在显现，主流媒体在新的传播格局和舆论生态中面临新的挑战。

另外，5G 时代已经到来，5G 所带来的不仅仅是更快的网络传输速度、更低的网络延迟，

❶　习近平. 决胜全面建成小康社会　夺取新时代中国特色社会主义伟大胜利——在中国共产党第十九次全国代表大会上的报告[N]. 人民日报，2017-10-28.

同时还将与人工智能、物联网、大数据、虚拟/增强现实技术(VR/AR)等一系列革命性技术一起发力,给人们的工作和生活带来颠覆性的改变。对媒体而言,5G 时代意味着崭新的机遇与无限的可能,以 5G 为代表的新技术必将给新闻传播和舆论发展带来前所未有的革新。

面对新的舆论传播格局,需要我们加快传统媒体与新兴媒体从“相加”到“相融”的速度。以先进技术为支撑,以内容建设为根本,运用互联网思维,推动内容、渠道、平台、经营、管理等方面深度融合,改革体制机制,再造生产流程,全力打造立体多样、融合发展的现代传播体系。

习近平总书记关于新闻舆论工作的重要论述,顺应时代需求、直面时代挑战、回答时代课题,从世情国情党情变化衍生的新问题出发,着眼媒体格局和舆论生态的新调整,服务党和国家事业发展全局,科学回答了事关党的新闻事业长远发展的一系列带有根本性、战略性、全局性的重大问题,必将为开创党的新闻舆论工作新局面注入强大思想动力、发挥重大指导作用。

## 第二节　把握好新时代交通运输新闻舆论工作的总体要求

马克思主义新闻观是马克思主义关于人类新闻传播活动规律的总看法,是无产阶级政党领导的新闻舆论事业的指导思想和行动指南。马克思主义新闻观的发展经历了一个由马克思和恩格斯奠基、由以列宁为代表的苏联共产党人继承、由以毛泽东为代表的中国共产党发扬的长期过程。马克思主义新闻观在中国的迅猛发展对我国新闻事业的崛起具有较强的指导作用。

习近平总书记关于新闻舆论工作的重要论述创造性地丰富和发展了马克思主义新闻舆论理论宝库,集中、系统地论述新闻舆论工作的地位作用、职责使命、方针使命、任务要求、根本保证,提出了一系列新思想新观点新论断,也作出了高瞻远瞩的战略部署。各级交通运输部门,必须要认真学习、深刻领会习近平总书记关于新闻舆论工作重要论述的精神实质,并用以指导交通运输新闻舆论工作实践。

### 一、强化新闻舆论工作在交通运输发展中的地位作用

在 2016 年 2 月 19 日党的新闻舆论工作座谈会上,习近平总书记强调,党的新闻舆论工作是党的一项重要工作,是治国理政、定国安邦的大事;做好党的新闻舆论工作,事关旗帜和道路,事关贯彻落实党的理论和路线方针政策,事关顺利推进党的国家各项事业,事关全党全国各族人民凝聚力和向心力,事关党和国家前途命运。这些重要论断深刻阐明了新闻舆论工作在党的工作全局中的重要地位,在党和人民事业发展中不可替代的重大作用,把我们党对新闻舆论工作重要性的认识提升到了一个崭新的高度。习近平总书记基于对新的时代背景的认识及对党的工作全局的把握,深刻阐述了新闻舆论工作的极端重要性。交通运输行业各级管理部门和领导干部,要学懂、弄通、做实,进一步提高对于做好行业新闻舆论工作价值的认识,真正从思想上高度重视,在工作中重点安排,在行动时狠抓落实。

### 二、努力履行好交通运输新闻舆论工作的职责使命

习近平总书记指出,“在新的时代条件下,党的新闻舆论工作的职责和使命是:高举旗

帜、引领导向，围绕中心、服务大局，团结人民、鼓舞士气，成风化人、凝心聚力，澄清谬误、明辨是非，联接中外、沟通世界”。这“48 字要求”全面准确深刻地概括了新闻舆论工作的职责使命，体现了时代和形势发展对新闻舆论工作的新要求，指明了新形势下新闻舆论工作的努力方向。这“48 字要求”不仅是对新闻媒体的要求，也是对所有政府部门特别是负有新闻舆论工作职责的领导干部的要求。交通运输关系国计民生、服务亿万群众，既是经济领域，也是重要的民生领域。进入新时代，加快建设交通强国，需要着力解决人民最关心最直接最现实的问题，不断满足人民对美好生活的向往，为经济社会可持续发展提供更加有力的保障，也需要在出现交通运输相关舆情事件时，切实担负起正确引导舆论的责任。

### 三、进一步明确交通运输新闻舆论工作的任务要求

2013 年 12 月 30 日，习近平总书记在中央政治局就提高国家文化软实力研究进行第十二次集体学习时指出，提高国家文化软实力，要努力提高国际话语权，加强国际传播能力建设，精心构建对外话语体系，发挥好新兴媒体作用，增强对外话语的创造力、感召力、公信力，讲好中国故事，传播好中国声音，阐释好中国特色。2014 年 8 月 18 日，习近平总书记在中央全面深化改革领导小组第四次会议上发表重要讲话，习近平总书记强调，推动传统媒体和新兴媒体融合发展，要遵循新闻传播规律和新兴媒体发展规律，强化互联网思维，坚持传统媒体和新兴媒体优势互补、一体发展，坚持先进技术为支撑、内容建设为根本，推动传统媒体和新兴媒体在内容、渠道、平台、经营、管理等方面的深度融合，着力打造一批形态多样、手段先进、具有竞争力的新型主流媒体，建成几家拥有强大实力和传播力、公信力、影响力的新型媒体集团，形成立体多样、融合发展的现代传播体系。在“2・19”讲话[1]中，习近平总书记更是站在国家发展的历史新方位，分析世界形势的风云变化，对新闻舆论工作提出了新的科学的任务要求。交通运输行业新闻舆论工作要适应国内外形势发展，从党的工作全局出发把握定位，坚持党的领导，坚持正确政治方向，坚持以人民为中心的工作导向，尊重新闻传播规律，创新方法手段，以有力有序有效的交通运输公共舆论引导，切实提高党的新闻舆论传播力、引导力、影响力、公信力。

### 四、牢牢坚持交通运输新闻舆论工作党性原则

习近平总书记强调，要承担起新闻舆论工作的职责使命，必须把政治方向摆在第一位，牢牢坚持党性原则，牢牢坚持马克思主义新闻观，牢牢坚持正确舆论导向，牢牢坚持正面宣传为主。这“四个牢牢坚持”互为补充，其中，党性原则是根本原则，马克思主义新闻观是“定盘星”，坚持正确舆论导向是核心，坚持正面宣传为主是基本方针，进一步揭示了党的新闻舆论工作的本质属性和原则要求，进一步明确了党的新闻舆论工作的努力方向。交通运输新闻舆论工作要强化阵地意识，敢于出击，勇于应对，更加积极有效地传播正能量，更加旗帜鲜明地揭露、反击错误的思想和观点，既在事关大是大非和政治原则的问题上掷地有声、一锤定音，帮助干部群众划清是非界限、澄清模糊认识，又大力反映交通运输改革发展的伟

[1] “2・19”讲话，指 2016 年 2 月 19 日习近平总书记考察人民日报社、新华社、中央电视台，主持召开党的新闻舆论工作座谈会，在会议上发表的重要讲话。

大实践和精神风貌，讲好交通故事，传播交通声音，唱响主旋律，弘扬正能量。

### 五、各级交通运输主管部门要大力为新闻舆论工作提供坚强保障

习近平总书记在党的新闻舆论工作座谈会上的重要讲话中强调，加强和改善党对新闻舆论工作的领导，是新闻舆论工作顺利健康发展的根本保证，各级党委要自觉承担起政治责任和领导责任。2019 年 1 月 25 日上午，习近平总书记在主持中共中央政治局第十二次集体学习时再次强调，各级党委和政府要从政策、资金、人才等方面加大对媒体融合发展的支持力度。各级宣传管理部门要改革创新管理机制，配套落实政策措施，推动媒体融合朝着正确方向发展。各级领导干部要增强同媒体打交道的能力，不断提高治国理政能力和水平。因此，交通运输部门既要加大新闻舆论工作的投入和保障力度，让机构更健全、人员更齐备、资金更充分，也要指导、支持《中国交通报》等行业媒体，以打造新型主流媒体为目标，大胆探索创新，努力推动内容、渠道、平台、管理等深度融合，不断增强自身的传播力与竞争力。

## 第三节　新时代交通运输新闻舆论工作的根本遵循

通过深入学习，我们深刻体会到，习近平总书记关于新闻舆论工作的重要论述，包括从新闻地位到历史使命、从政治方向到业务规范、从传播规律到宣传艺术、从改革走向到队伍建设等一系列重要论述，字里行间闪耀着理论结合实际的思想火花和真理光辉，具有很强的理论性、纲领性、实践性和创造性，反映着我党对新闻舆论性质和规律认识的新高度新成果，也是对马克思主义新闻观的创新和发展。

认真学习、领会和践行习近平总书记关于新闻舆论工作的重要论述，对做好新时代交通运输公共舆论引导工作，为交通强国建设营造良好的舆论环境、提供有力的舆论支持，有着极其重要的理论意义和实践意义。

用习近平总书记关于新闻舆论工作的重要论述指导交通运输公共舆论引导实践，要采取前后关联、融会贯通的学习方法，从不同场合、不同重点、不同阐述中，学习体会总书记一贯的新闻立场、舆论思维和传播理念，从中找出带根本性、全局性和规律性的理念和原则，从而提高政治站位和驾驭能力。要坚持问题导向，改革创新，讲求实效，创新理念、内容、体裁、形式、方法、手段、业态、体制、机制，牢牢掌握党的新闻舆论工作主动权。要高度注重新闻舆论工作的时、度、效，把握好时机、节奏，处理好力度、分寸，注重效果、实效。

用习近平总书记关于新闻舆论工作的重要论述指导交通运输公共舆论引导实践，要学习习近平总书记始终坚定地站在党和人民的立场上，站在时代的前沿，立足世情党情国情和舆情的实际，运用历史唯物主义和辩证唯物主义的世界观和方法论，回应社会关注，回答新时代新闻舆论工作面临的新课题、新矛盾、新挑战，为中国特色的社会主义新闻事业发展指明方向和道路。要学习习近平总书记的战略思维、辩证思维、系统思维、互联网思维和创新思维的科学思想方法，正确对待和处理新闻舆论领域中的各种关系和矛盾，为党和国家大局服务。

用习近平总书记关于新闻舆论工作的重要论述指导交通运输公共舆论引导实践，要与交通运输发展实际相结合，要围绕习近平总书记对交通运输工作作出的重要论述和指示批示，围绕党的十九大提出的建设交通强国的战略目标任务，要积极适应媒体格局和舆论生态

的深刻变化，有效应对新媒体带来的深刻改变，努力在错综复杂的舆论格局中更好地讲好交通故事、传播交通好声音，只有在解决问题中不断改进，在迎接挑战中锐意创新，才能不断巩固壮大主流舆论，画出最大的同心圆。

党的新闻舆论工作是党的意识形态工作最前沿、最直接、最有影响力的阵地，直接服务于党和国家的工作全局。交通运输是与经济社会联系密切、舆论环境高度复杂的行业和领域，交通运输行业各级领导干部都要认真学习贯彻习近平总书记关于新闻舆论工作的重要论述，真正从全局出发把握新闻舆论工作，推动新闻舆论战线适应形势和发展需要，全面提高公共舆论引导能力和水平；要秉承辩证唯物主义精神，遵循新闻传播规律和新媒体发展规律，坚持和运用马克思主义的立场、观点、方法去观察、认识和处理新闻舆论工作，激发交通运输干部职工为建设交通强国、为中华民族伟大复兴的中国梦而团结奋斗的强大力量！

# 第六章　新时代加强交通运输公共舆论引导的路径

公共舆论引导的要义是在公共舆论的形成、发展过程中减少一些盲目从众，增加一些独立思考，增加公共舆论理智的成分。因此，公共舆论引导的基本方式就是引导主体对公众进行说服，改变公共舆论方向或巩固、扩展原有的公共舆论。

当前，媒体格局、舆论生态和传播方式均发生着深刻变化，做好交通运输公共舆论引导工作必须因势而谋、应势而动、顺势而为，牢牢把握战略主动。要做大做强正面宣传，开展丰富多彩的主题宣传、形势宣传、政策宣传、成就宣传、典型宣传，加强传播手段和话语方式的创新，不断提高传播力、引导力、影响力、公信力。积极适应全媒体时代的发展大势，坚持正能量是总要求、管得住是硬道理、用得好是真本事，同时大力推进交通运输行业媒体融合向纵深发展，打造具有强大影响力和竞争力的新型主流行业媒体，让交通运输发展的主旋律、正能量充盈网络空间。

在新时代加强交通运输公共舆论引导，需要交通运输部门对社会发生的事件，用历史的、辩证的、发展的眼光进行分析，以习近平总书记关于新闻舆论工作的重要论述为指导，按照新闻传播规律，应用公共舆论引导的基本方式，遵循公共舆论运行规律，建立健全公共舆论引导的有效机制，明确交通运输突发事件的公共舆论引导策略，使公共舆论更加符合客观实际，更加符合交通运输行业的发展目标方向，更加符合经济社会发展的总体趋势。

## 第一节　夯实交通运输公共舆论引导的工作基础

公共舆论的形成发展规律、公众的接受规律、媒体的传播规律决定了交通运输部门对公共舆论的引导并不具备强制力，而是一个潜移默化的过程。这就要求交通运输部门在实施公共舆论引导时，认真处理好自身与公众、媒体的关系，必须尊重被引导者的权益和既有的认知模式并采取适当的引导方式，尊重媒体引导公共舆论的客观规律，最根本的是要切实维护好自身的形象。

### 一、尊重和满足公众的知情权

随着经济社会的发展进步，信息的作用变得愈发重要，其价值亦日渐提升。公众需要不断地获取各种信息来充实自己的生活，开阔自己的眼界，做出自己的选择。但社会中绝大多数具权威、有价值的信息是由政府机关掌握的，而传统政府机关往往为了便利自身管理，习惯于隐匿所掌握的信息并妨碍公民获取与利用政府信息。为改变这种状况，2008 年开始施行的《中华人民共和国政府信息公开条例》规定，除行政机关主动公开的政府信息外，公民、法人或者其他组织还可以根据自身生产、生活、科研等特殊需要，向国务院部门、地方各级人民政府及县级以上地方人民政府部门申请获取相关政府信息。现在，有越来越多的公民开始习惯于行使自己的这项权利。2018 年长春长生生物科技有限责任公司疫苗事件发生后，在7月20日吉林省食品药品监督管理局公布的处罚信息中显示,该公司生产的25万余支问题“百白破”疫苗销售到山东省疾病预防控制中心。7月22日,北京法桓律师事务所律师王鹏通过官网申请和邮件的方式向山东省食品药品监督管理局、山东省疾病预防控制中心申请相关信息公开,申请公开信息包括问题疫苗接种县市区域、儿童数量以及不良监测记录等。山东大学法学院副教授刘加良也在当日通过EMS邮寄书面申请的方式向山东省卫计委申请公开上述问题疫苗招投标基础文件、流程文件、合同履行信息,以及山东省卫计委作为省疾控中心的主管单位针对事件的应对情况。这也给了交通运输部门启示,要想取得公共舆论引导的成效,首先要在法律许可的框架范围内,承认并保障公众对交通运输相关信息的知情权。

## 二、要提升自身的公信力

前些年,贵州瓮安“6·28”严重打砸抢烧突发性事件、湖北石首“6·17”群体性事件、广东陆丰“9·21”乌坎村事件等一些地方群体性事件中的公共舆论反应和一些舆情机构的调查都证明,当时个别地方政府公信力普遍不足,甚至呈下降趋势,更有陷入“塔西佗陷阱”[1]的危险。即便是现在,一些基层政府和部门,在信息发布和舆论应对方面能力依然偏低。2018年12月7日,河北省曲阳县环保局官微“曲阳环保”发布的一则题为《我县拘留两名燃烧散煤用户》的消息引发舆论广泛关注。数小时后,曲阳县人民政府官网发布情况说明,表示是误发,予以否认,导致官方消息“打架”。村民到底有没有被拘留,是不是迫于舆论压力才说没有拘留,语焉不详。但是可以肯定的是,地方政府对事情前后通报不一致或随意更改,再次消耗了政府公信力。随着公众民主法治意识的提高,对交通运输部门的要求也在提高。虽然近年来,交通运输部门在加快建设、促进发展、信息公开、转变职能、强化服务、依法行政、反腐倡廉、改善民生等方面做出了一系列努力,但与公众的要求和期望仍有距离。提高交通运输部门的公信力,要倾听公众的心声,了解公众的要求,取信于民,要防止纸上理念、制度虚置,承诺更要践诺,不能以华而不实的理念和公开的制度程序弄虚作假、敷衍欺瞒公众。

## 三、要处理好与公众的关系

我国宪法保障人民群众作为舆论监督的主体,依法享有对国家机关和公职人员的批评权和建议权。在自媒体高度发达的今天,越来越多的知识分子甚至普通公众,通过微博、微信等渠道,就政府公共政策发表自己的看法,对于公共管理特别是行政执法中的不合理、不合法行为进行监督、批评。近年来,由网络或自媒体平台引发的类似舆情事件屡见不鲜。2017年4月,有网友们上传照片,指河南省郑州市社保局办事大厅窗口不高不矮,让前来办事的群众“坐立不安”,设计着实尴尬,与热播的反腐电视剧《人民的名义》里面情节颇为相似。评论分析,“蹲式窗口”主要出现在政府基层部门,面对普通民众办事,本来是服务型窗口,却因设置不当,令民众倍感屈辱、刁难,充分暴露出部分基层单位“门难进、脸难看、事难

---

[1] “塔西佗陷阱”,得名于古罗马时代的历史学家塔西佗。这一概念最初来自塔西佗所著的《塔西佗历史》,是塔西佗在评价一位罗马皇帝时所说的话:“一旦皇帝成了人们憎恨的对象,他做的好事和坏事就同样会引起人们对他的厌恶。”之后被中国学者引申成为一种社会现象,指当政府部门或某一组织失去公信力时,无论说真话还是假话,做好事还是坏事,都会被认为是说假话、做坏事。

办”的现实尴尬。2018 年 7 月，西安一运输公司负责人在网络上发表“大货车主给河北省某领导的一封公开信”，称河北省超限运输通行证很难办，货物从保定运至西安，沿线的河南等最多一两天就完成 2 次审批，而河北到第 17 天仍未审批通过。该领导看到了这封问题来信，连夜作出批示并要求省交通运输厅主要负责人立即处理此事，并把处理结果报告省委、省政府。该领导还要求，要举一反三，认真反思为什么会发生这样的事情，并要坚决彻查。从河北省交通运输厅的自查通报可以看出，在西安老侯大件吊装运输有限公司申请办理大件运输许可事项中，虽然在管理规定的时限内完成了审批事项，但存在办理大件运输许可事项工作流程不科学、相关制度不完善和个别基层单位服务意识不强、办事效率不高、工作作风不实等问题，给企业造成不便，在社会上引起关注。面对这样的舆论形势，交通运输公共舆论引导的合法性前提就是必须尊重公众的这种宪法权利。只有在尊重公众对国家机关和国家工作人员批评权和建议权的基础上，才能正当、合理地进行交通运输公共舆论引导工作。交通运输公共舆论的重点和形成发展方式随着时代的发展不断变化。因此，需要明确的是，加强交通运输公共舆论引导的目的并不是为了控制舆论，阻截不利于交通运输的声音和意见传播。即便动用行政力量干预具有可操作性，也要谨慎为之。交通运输部门要想通过公共舆论引导赢得公信与支持，只能在尊重公众权利的基础上，以真诚和负责任的态度与公众进行沟通。

### 四、要处理好与媒体的关系

媒体是公共舆论的催生剂，真正意义上的公共舆论离不开现代传播媒体的广泛参与，而且，交通运输公共舆论引导在很大程度上要通过媒体来进行，各类媒体是交通运输部门开展公共舆论引导、与公众沟通交流不可或缺的桥梁和手段。长期以来，我国社会主义制度决定了媒体在进行舆论监督的同时，更多的是发挥党和政府喉舌的作用，但经过 20 世纪 90 年代以来新闻出版行业的一系列市场化改革，许多媒体都开始走向市场、自由竞争、多元发展，更好地履行舆论监督功能也成为赢得读者、促进经营的重要途径。交通运输与民生息息相关，是媒体关注、报道和监督的重要对象，2008 年开始施行的《中华人民共和国政府信息公开条例》更是约束交通运输部门保障媒体的新闻权利、公开政务信息的强制性机制。因此，交通运输公共舆论引导必须正确认识媒体的作用，正确处理与媒体的关系，尊重媒体的监督权以及与此相联系的采访报道权，自觉接受媒体的新闻舆论监督，满足媒体的信息需求，加强与媒体的沟通交流，利用好中央主流媒体和主管行业媒体，统筹处理好与网络媒体和自媒体的关系，主动设置议程，促进与媒体互利、合作、双赢。

党的十九大报告指出，我国经济已由高速增长阶段转向高质量发展阶段。这是保持经济持续健康发展的必然要求，是适应我国社会主要矛盾变化和全面建成小康社会、全面建设社会主义现代化国家的必然要求，是遵循经济规律发展的必然要求。新时代我国经济发展阶段的历史性变化，必将对交通运输产生重大而深远的影响。经过多年努力，交通运输发展取得了重大成就，许多指标走在了世界前列。我国已经成为名副其实的交通大国，具备了由量的积累转向质的提升的物质基础。但我国社会主要矛盾已经转化为人民日益增长的美好生活需要和不平衡不充分的发展之间的矛盾。这是关系全局的历史性变化，在交通运输领域有充分的体现。当前，人们不仅满足于通路通车、通航通邮等“硬需求”，也更加重视获得感、幸福感、安全感等“软需求”。与之相比较，交通运输发展不平衡不充分的问题更加凸显，要求交通运输由“规模速度型”转向“质量效率型”，优化存量资源配置，扩大优质增量供给，实现供需动态平衡。特别是近年来，国内外经济形势的不断变化给交通运输带来了新的影响，许多深层次矛盾和新情况、新问题相互叠加；交通运输结构不尽合理，区域、城乡交通运输发展不平衡；人民群众对提升交通运输服务水平的期盼越来越高，交通运输发展面临着既要提供覆盖面更广的均等化服务，又要提供更高品质的个性化服务的双重压力；交通运输仍处于安全事故易发多发的高峰期，腐败问题尚未得到有效遏制等，这些因素共同引发了公共舆论事件频繁发生，所以，加强交通运输公共舆论引导显得必要而紧迫。同时，公共舆论的发生、发展规律，媒体的发展趋势、运行特点，交通运输部门所掌握的信息资源优势，为做好交通运输公共舆论引导提供了可能。

## 第二节　明确交通运输公共舆论引导工作重点

做好交通运输公共舆论引导，首先要明确引导的重点。通过监测、分析近年来发生的交通运输公共舆论事件，总结交通运输公共舆论易发多发的领域、形成发展的规律，采取针对性强的引导措施。

### 一、监测回应敏感热点

准确、及时、科学的舆情监测是做好交通运输公共舆论引导工作的重要基础。要通过完善的舆情监测系统，对社会公众关注的交通运输热点问题和重点领域比较集中的网站、网页、论坛、微博、微信、QQ 群等的舆情信息，进行实时监测，随时下载最新的交通运输舆情信息，并对收集的数据进行格式的转换及元数据的标引，进行敏感词过滤、智能聚类分类、主题检测、专题聚焦、统计分析，满足交通运输各单位、系统的舆情信息需要，形成舆情简报或专报等。在对舆情简报、专报进行会商、分析的基础上，结合交通运输新闻宣传和信息公开政策、规定、程序，对需要进行回应、说明的问题分门别类，通过相应的渠道、方式进行回应。

### 二、关注解决民生诉求

交通运输是关系衣食住行的重要民生领域，与民生相关的问题，是公共舆论的易发多发点，也是公共舆论引导的重点。近年来，由于物价（特别是食品类物价）的飞涨，公共舆论指责交通运输领域乱收费乱罚款导致运输流通成本过高；由于城市交通拥堵，公共舆论指责交通运输管理不善，发展公共交通不力。另外，收费公路超期收费、违规设站问题，客运安全问题等也常常引发公共舆论。

因此，交通运输部门在进行公共舆论引导的过程中，要将解决民生问题的宣传引导提到相当的高度。当前，重点是借鉴其他部门或其他行业的习惯做法和成功经验，利用为媒体设置议程等手段，宣传好体现交通运输基本公共服务均等化的“四好农村路”建设和农村客运发展、交通运输脱贫攻坚、物流业降本增效、收费公路专项清理、缓解城市交通拥堵等与民生密切相关的领域。

### 三、宣传解读公共政策

国务院办公厅印发的《2016 年政务公开工作要点》中指出，出台重要政策，牵头起草部门应将文件和解读方案一并报批,相关解读材料应于文件公开后3个工作日内在政府网站和媒体发布。对涉及面广、社会关注度高的法规政策和重大措施,各地区各部门主要负责人应通过参加新闻发布会、接受访谈、发表文章等方式带头宣讲政策,解疑释惑,传递权威信息。省级政府、与宏观经济和民生关系密切的国务院部门主要负责人,年内解读重要政策措施不少于1次。

交通运输行业公共政策(如出租车管理政策、收费公路政策等)一般都会对公众生活产生较大的影响,公众对涉及自身利益的政策也要表现得比较敏感。因此,交通运输部门在出台政策措施时,不仅仅是印发文件或在主要媒体上公布,而且要对政策内容作广泛的宣传,主动设置议程,让公众知晓的同时做出详尽、权威的解读,以争取公众的理解和支持。同时,需要在相关信息通过文件公布、媒体报道后,收集、整理公众的反馈意见,并有针对性地通过不同的渠道进行进一步解释说明,形成正面的舆论支持力量,提高公众的认可度。

### 四、突出报道先进典型

典型法是公共舆论引导的重要方法之一。先进典型报道是我国新闻宣传的优良传统,也是我国政府公共舆论引导的一种特色。作为"有意地把某种意见、态度、情绪以及风俗信仰等传播于社会的一种努力",近年来,在交通运输行业,尼玛拉木、四川航空"中国民航英雄机组"、其美多吉等近年来培养、报道的先进典型,散发出了巨大的精神力量,对树立行业良好形象,弘扬积极向上的公共舆论氛围发挥了重要作用。

现阶段公众的接受心理决定,当代发掘、报道先进典型,要注意典型的多样化、平民化倾向和典型人物的人情味,合理选择典型,避免高、大、全。报道先进典型,不仅要报道人,而且还要报道积极的、代表社会发展方向的新事物和新现象,挖掘新经验。报道要坚持实事求是,对典型人物,要在突出光辉面的同时,兼顾多面性,写出人情味和人性美,不刻意掩饰缺点;对典型事例,要客观全面,分析典型意义和普遍意义。要努力多树立基层一线典型,数量不宜泛滥,力求每一个典型都要对形成利于交通运输行业发展的公共舆论发挥有效促进作用。

## 第三节　健全交通运输公共舆论管理体制

增强交通运输公共舆论引导工作的主动性,需要在公共舆论管理体制上下功夫。充分领会中央关于加强宣传思想和新闻舆论工作的精神要求,广泛借鉴其他行业、部门单位的先进经验,通过健全公共舆论引导的管理体制,从组织体制和管理制度上保证舆论引导工作高效开展。

### 一、健全公共舆论引导的组织体制

完善现有新闻宣传工作体制,建立公共舆论引导工作体系。成立公共舆论引导工作领导小组,由交通运输部门相关单位参与组成,各单位在领导小组的指导下开展工作,负责舆情信息监测、新闻发布、信息组织、综合协调等与舆论引导工作有关的各项工作,各负其责,密切配合,改变以往各单位甚至仅各单位宣传部门单打独斗的局面。

建立分工协作机制,明确相关部门工作职责。公共舆论引导工作领导小组成员来自相关业务单位和部门，在领导小组领导下，分工负责，互相协作。在具体公共舆论引导工作中，领导小组主要负责制定工作预案、有关规定，汇总各方面舆情信息，协调各部门开展工作；各职能部门负责收集与本部门工作有关的舆情信息，在宣传部门的指导下，对公共舆论引导提出建议和意见。

制定新闻处置工作预案，规范公共舆论引导分析规程。针对不同公共舆论问题或事件，引导的范围、重点、目标、手段均不相同。交通运输部门必须在有关问题或事件发生之前，根据不同的处置要求，制定应急预案，规范相应的舆论引导分析规程。由公共舆论引导工作领导小组负责舆论引导工作，突发公共事件要做好现场媒体记者管理工作；搜集整理相关舆情信息，组织起草新闻通稿，统一口径；组织召开新闻发布会，指派专人向媒体发布消息；搜集媒体报道和社会舆情，认真组织分析，提出舆论引导建议和措施。

## 二、建立舆情搜集、分析、研判工作机制

公共舆论事件出现时，全面掌握与事件密切相关的各种舆情信息非常重要，越早发现事件的苗头和公众关注热点，尽早对可能产生的舆论焦点、走向进行分析，就越能帮助交通运输部门提前做好应对危机和引导舆论的准备。因此，必须加强法规制度、技术、队伍、网络阵地控制、传统媒体与新媒体相结合等建设，积极应用大数据、云计算、人工智能等新技术，建立适应交通运输公共舆论引导工作需要的新型舆情监测机制。

一要建立舆情监测工作长效机制。建议在现有交通运输部新闻办领导下设置舆情监测中心，各级交通运输部门要加强对舆情监测工作的领导，对舆情监测的人员装备、经费保障、报送数量、报送标准、队伍建设进行明确规范，将舆情监测工作纳入工作目标考核。建立舆情报告专人编写、分管领导审核、专人发送的工作程序。还应建立健全交通运输行业的舆情信息需求要点通报制度、重要舆情信息限时报送制度等一系列行之有效的管理制度，分解任务，落实责任。

二要建立灵敏、高效、畅通的舆情信息网络。壮大交通运输全系统特别是基层舆情监测员队伍，借助现代互联网、信息化技术和通信联络手段，构建以交通运输部新闻办舆情监测中心为龙头，纵贯省、市、县交通运输部门，横连协会组织、相关企业，上下贯通、覆盖全面、运转有序的舆情监测信息网络，畅通舆情信息收集、报送和交换渠道。

三要建立对舆情信息的评估应对机制。由公共舆论引导工作领导小组召集各成员单位定期会商，对重要交通运输舆情信息进行总结、评估，对需要进行引导的公共舆论事件特别是重大突发敏感事件，根据预案，及时提出应对措施并加以实施。

## 三、完善交通运输部门新闻发言人制度

随着20世纪下半叶政府制度的发展和传播媒介的更新，新闻发言人制度在全世界范围内逐渐普及。我国新闻发言人制度从无到有，从中央到地方，从对外到对内，政府部门从过去的“不说话”到主动“说话”，反映出我国政治传播形态与政务公开制度的变化，对整个社会民主政治制度的发展具有重要意义。虽然现在交通运输部及各级交通运输部门、单位基本上已经建立了新闻发言人制度，并在人力、资金等方面予以保障，但由于起步较晚，在运行中也出现了一些问题，需要不断建设和完善。

完善新闻发言人制度的重点是发言主体选择、新闻发布保障机制建设。发言主体即新闻发言人的选择非常重要。中国经济社会及交通运输发展快速,但公众对很多问题的认识是模糊的,需要新闻发言人通过发言来提升公众对某些问题的认识水平。交通运输专业领域的新闻发言人有责任将行业内知识进行大众普及,并通过理念、认识的传导,促进公众对社会、经济或某个问题的深刻理解。我们要充分借鉴国外新闻发布的经验,重视培训与选拔有较高的政策理论水平、有良好的综合性专业素质、有一定的人格魅力的新闻发言人,让新闻发言人走上职业化道路。甚至可以考虑仿照美国政府,尝试聘请职业的媒体人担任新闻发言人。

新闻发布保障机制建设包括三点:一是政府信息公开法律法规保障建设。依据《中华人民共和国政府信息公开条例》,对政府、媒体和公众的权利义务加以制度规定,一方面保障公众和媒体的知情权、采访权和传播权,一方面明确界定政府和媒体的各自活动边界,防止某些不应该为公众知晓的信息被泄露。二是新闻发布的部门联动机制建设。各级部门、单位要建立不同层次的舆情、新闻信息的提供、通报机制,实现舆情、新闻信息的资源共享。三是新闻发布的监督与问责制度建设。通过建立监督制度对新闻发言人进行新闻发布的过程、内容予以监督和制约,包括是否及时、是否真实等,通过建立问责制度对新闻发布出现的问题进行问责,追究相关部门、单位或个人的责任,并予以处理。

## 第四节　提升交通运输新闻发布和信息公开水平

新闻发布是政府引导新闻传播的一种手段,是政府、新闻媒体和公众三者之间进行沟通的有效方式之一;信息公开是建设阳光政府、透明政府的重要条件,是尊重公众对国家政治经济生活知情权、实现与公众有效沟通、增进公众信任和理解政府的必然选择。而这两者都是实现公共舆论引导目标的重要途径。目前,交通运输部门新闻发布和信息公开已基本形成机制,但还需要在程序、内容、形式方面进行改进,以进一步提升新闻发布和信息公开的水平。

### 一、规范程序

新闻发布与信息公开必须通过一定的程序才能达到预期的目的。现阶段,做好交通运输新闻发布与信息公开要认真履行好下列程序。

一是要做好调查研究,回应媒体公众的要求。新闻发布与信息公开不能为发布而发布、为公开而公开。首先要理清本部门本单位有哪些需要发布的新闻、有哪些是按规定需要公开的信息,据此规划年度、季度、月度的新闻发布和信息公开计划;第二是根据舆情监测的结果,了解社情民意,将公共舆论热点和媒体、公众要求,作为定期或临时发布新闻、公开信息的重要依据,做到有的放矢。

二是要做好策划组织,确保发布公开有效。每一次新闻发布与信息公开,在充分考虑舆情、民意的基础上确定主题,合理选择时间、地点以及形式,对内容做详尽周密的准备。发言人要认真识别记者提问中的陷阱和变化,策略应对,要表现出政府议程对媒体议程和公众议程的引导,把握舆论引导的主导权。

三是要做好评估反馈,实现媒体公众互动。在发布新闻或公开信息后,要对媒体的报道进行跟踪调查，主流媒体、网络媒体等都做了什么样的报道，要进行质量和数量的统计和分析，社会公众的反响如何，是否达到了预期的舆论引导目的，都需要进行认真的分析和总结，从中找出不足和问题，在下次工作中弥补，努力提高新闻发布和信息公开的水平。

## 二、丰富内容

目前，交通运输部门的定期新闻发布、主题新闻发布、会议新闻发布做得比较好。如交通运输部新闻办基本做到了每个月举行一次例行的新闻发布会，春节、国庆黄金周运输情况和年度海上搜救情况等主题新闻发布，航海日庆祝会、海事论坛等会议新闻发布，以及交通运输新业态治理、取消高速公路省界收费站、农村公路建设、收费公路专项治理等专题新闻发布都已经形成常态。下一步，可以通过新闻发布会向社会更广泛、更高频宣传出台的交通运输重大政策措施、组织开展的重点工作。更重要的是，要对公共舆论中的负面热点，通过新闻发布会予以回应和澄清。例如，对于新业态治理、运输安全、工程质量、行政执法等问题，要立即表明政府部门的立场、态度，公布整改措施；对于媒体、公众对收费公路政策、出租车管理政策等的指责与质疑，要以充分、有说服力的数据与事实，纠正视听，平息舆论。

信息公开制度是有关保障公民了解权和对了解权加以必要限制而形成的法律制度。这里的了解权是指个人或组织有权知悉并取得行政机关的档案资料和其他信息的权利。目前，交通运输部门信息公开的内容相对其他部门要丰富，但还需要更全面的公布规划、统计、预算、支出、规费、应急管理等信息，增强交通出行信息公布的及时性，加大网上服务办理的力度，提高交通运输部门的透明度和公信力。

## 三、拓展渠道

交通运输部门要主动向公众传递某些新闻和信息，释疑解惑，争取公众的理解、信任和支持，这需要借助媒体将新闻和信息及时、准确地传播。因此，媒体特别是中央、地方主流报纸、电台、电视台、门户网站等是目前交通运输部门发布新闻和公开信息的主要渠道，每场新闻发布会也主要是邀请这些媒体的记者。但新闻发布和信息公开也需要适应新媒体发展的趋势，重点建设并利用好政务新媒体。适当时候，对于一些主题新闻信息发布，也可以借助一些专业自媒体发布。

新媒体的发展日新月异，以其全时、全域、全民、全速、全媒体、全渠道、全互动、去中心化等特点迅速改变和影响着舆论架构和社会结构。国务院办公厅发布的《2017年政务公开工作要点》提出要“管好用好政务新媒体”。政务新媒体是新媒体在政务领域的具体运用，主要是指“两微一端”，即政务微博、政务微信、政务客户端。随着移动互联网的发展，热点事件高频化、政务新媒体平台多元化成为趋势。在这种情况下，政务新媒体更应当紧紧围绕“倾听—对话—服务”的价值主线，发挥微博开放、动态、协同传播的特性，发挥政务新媒体倾听群众声音、平等与群众对话、真诚为群众服务的核心价值。

根据人民日报和微博联合发布的《2017政务指数·微博影响力报告》，截至2017年底，经过微博平台认证的政务微博达到173569个。其中政务机构官方微博134827个，公务人员微博38742个。政务微博的规模继续稳定增长，并朝矩阵化、专业化、垂直化的方向发展。《报告》显示，当前，政务微博规模数量依旧保持稳中有升的势头。2017年，政务微博在传播和服务上均表现优秀。政务微博在2017年总发博数8092万，较2016年增长了8%，政务微博总粉丝量达到24.6亿，较2016年增长了12%，新增粉丝中30岁以下的用户占到了82%。政务微博总阅读量3303亿、总互动数54.5亿。目前，政务微博逐步形成全面覆盖、各级联动的新局面。政务微博的人格化探索，也让公众得到更亲民、更高效的服务。

交通运输部门要加快开通政务微博、做强政务微博的步伐，将其作为新闻发布和信息公开的重要渠道，加强对政务微博的应用管理，发挥好政务微博的"服务于民、展示亲民形象、网络问政、舆情引导、应急救援、宣传推广"等核心功能。因此，政务新媒体作为问政平台、施政工具在发布权威消息、回应社会热点、引导网络舆论等方面成绩斐然，各级交通运输部门要将政务新媒体打造成新闻宣传、政务信息发布平台和舆论引导的重要阵地。

## 第五节　做好交通运输突发事件的宣传引导

突发事件舆论引导如果没有被摆在重要位置或处置不当，不仅直接影响事故处理本身，还会引发新的次生灾害。国务院要求遇有重大突发事件时，负责处置的地方和部门是信息发布的第一责任人，主要负责人要当好"第一新闻发言人"。特别重大、重大突发事件发生后，应在24小时内举行新闻发布会。

交通运输突发事件的舆论引导工作在交通运输应急管理中处于十分重要的地位，我们需要根据《国家突发公共事件总体应急预案》《中华人民共和国政府信息公开条例》及交通运输部《交通运输突发事件应急管理规定》《交通运输突发事件信息处理程序》等文件，完善交通运输突发事件新闻宣传应急预案，坚持及时主动、准确把握、实事求是、严谨慎重、讲究方法、提高效能的原则，在必要的时候，可以邀请公关公司及时介入事件的处置过程，借助专业力量和手段，引导公共舆论回归健康、理性。

### 一、迅速发布，抢占舆论主阵地

政府与媒体的关系是政府行为影响公共舆论导向的政治优势之一。政府相比其他个人、团体而言，占据着利用媒体尤其是主流媒体的有利位置。特别是在突发事件中，政府部门是新闻信息的主要来源，可以通过新闻发布会等途径，向媒体提供充分的信息，传达处置政策、措施和行动，形成强大的正面信息流，从而有效影响公共舆论的走向。政府相关部门在处理突发事件的具体行为可以通过主流媒体的强势报道得到充分体现，迎合公众的诉求，满足公众的期待。

《交通运输突发事件应急管理规定》第四章"应急处置"第三十四条提出，"按照本级人民政府的委托或者授权及相关规定，统一、及时、准确的向社会和媒体发布应急处置信息"。交通运输部门在应对交通运输突发事件的公共舆论时，要第一时间掌握真实情况，通过本部门的舆情监测预警机制，收集并分析舆论发展情况，并利用网络、微博等新媒体快速发布处置信息，要利用报纸、广播、电视特别是机关报和有影响力的其他公信力强的媒体做权威发布。最大限度地挤压不实报道、恶意炒作的空间，堵塞谣言、小道消息的传播渠道，占据舆论高地和主阵地。

### 二、准确发布，防止发错声出杂音

能不能准确发布交通运输突发事件相关信息，关系着公众知情权，也考验着政府的公信力，甚至事关社会秩序和政治稳定。

交通运输突发事件发生后，需要满足公众基本的信息需求，包括突发事件的实际损失、人员伤亡、应对措施、善后赔偿、原因调查、责任追究等，这些需要权威部门负责人或新闻发言人坦然面对，实事求是地公开，通过权威、准确的发布，避免公众无妄的猜测或者谣言流传；发布信息时，并不需要太多的语言表达技巧和高深的传播能力，要确保不能发错声，避免出现原铁道部新闻发言人王勇平因为说出"不管你信不信，反正我信了"这样导致的舆论一片哗然的失误，否则将恶化舆情、严重影响政府形象。

发布交通运输突发事件的信息，要务求准确，虽然突发事件刚发生不能提供完整的信息，但可以采取"阶段式发布"，即分阶段连续发布相关新闻信息，有多少信息就发布多少信息，要及时、明了，让媒体有东西可报，重要的是发生了什么事、当前情况怎样、政府是什么态度、采取了什么措施等内容，这些是交通运输主管部门发布的权威信息，做到这些就能基本把握舆论引导的主动权。

另外，交通运输部门应当与专家、学者、官员以及论坛、博客、微博等各个社群的"舆论领袖"建立联系，让他们成为危机传播的权威信息源，成为新闻信息发布的有益补充，或者与他们联合发布新闻信息，增强传播引导效果。

### 三、有序跟进，把握引导主动权

在发布交通运输突发事件相关信息后，要继续利用舆情监测系统，密切跟踪媒体的报道内容，判断公共舆论的走向，对偏离舆论引导方向的报道进行纠正，要继续通过权威、及时的新闻信息发布掌握公共舆论引导的主动权。

在交通运输突发事件处理后期，要将公共舆论关注的重点引导到各项处理应对措施实施后的效果上来。引导媒体分析突发事件的原因，让公众对突发事件的复杂性和起伏性有明确、清醒的认识，对社会进行教育和警示。利用媒体通过社会公开讨论、评价，引导全社会对危机事件进行深入理性的思考，总结危机的经验教训，调整完善社会管理机制和方式，避免类似突发事件再度发生。

当然，在交通运输突发事件发生后，最需要明确的一点是，事件的妥善处置是最根本的目标。公共舆论引导的作用是将处置得当的信息尽可能广泛地宣传好，而将处置不当的信息尽量缩小影响，不能完全指望通过公共舆论引导来弥补事件处置工作的不足。

## 第六节　加强交通运输公共决策与公共舆论的互动

随着公民意识的进一步觉醒，公共决策越来越容易引发公共舆论。公共决策是影响公众评价政府的重要因素，公共决策本身因其对社会生活领域的影响力，也有一定的舆论引导功能。因此，加强交通运输公共决策与公共舆论的互动，成为行业公共舆论引导的必然选择。

国务院 2008 年 3 月 21 日通过的《国务院工作规则》第十六条提出，"国务院及各部门要健全重大事项决策的规则和程序,完善群众参与、专家咨询和政府决策相结合的决策机制”。2012年2月21日,交通运输部部务会议审议并原则通过了《交通运输部关于建立重大决策社会稳定风险评估机制的实施意见》,强调交通运输部门的重大决策涉及人民群众切身利益,各司局要坚持“以人为本、执政为民”执政理念,积极推进重大决策社会稳定风险评估工作,确保重大决策更加科学、更加可行、更加有利于稳定。

## 一、评估公共舆论出台相关政策

许多公共政策的出台,是因为公共舆论的推动力。美国学者托马斯·R·戴伊在《理解公共政策》中说,“政策的制定除了实际意义以外,还有象征意义。即使政府政策制定后没有成功地达到目标,但是公众看到了政府的积极作为。公众常常从政府的善良意图而不是它的实现程度来判断它的好坏”。同理,交通运输部门也要认真评估、回应公共舆论的需求,展现积极行政、主动作为的姿态,通过各项政策的制定实施来实现对公共舆论的引导。

成品油价税费改革是公共舆论与公共决策互相影响的范例。多年来,公众认为无论使用多少公路,均缴纳同样养路费明显有失公平,且1997年通过的《中华人民共和国公路法》,明确提出要以燃油附加费替代养路费等,拟于1998年1月1日起实施,1998年又明确宣布,“择机开征燃油税”,但由于各种原因一直没有出台相关的实施政策,公共舆论的指责此起彼伏,甚至一度成为年年两会媒体公众关注的热点,指责政府相关部门推诿、不作为。2008年,公共舆论更是一度达到沸点,这促使国家发改委、财政部、交通运输部、国家税务总局推出了《成品油价税费改革方案》,赢得了舆论的普遍欢迎,甚至有媒体欢呼这是一场“公共舆论的胜利”。

## 二、引导公共舆论参与政策制定

公共政策的制定过程本身就是一个集中舆论、反映舆论、引导舆论的过程。交通运输部门在制定公共政策时,需要权衡兼顾各方利益,要进行广泛的调研,要通过不同渠道倾听、评估媒体公众的声音。在做出重大决策前,根据需要通过多种形式,直接听取社会各界包括专家学者、基层群众特别是利益相关者等方面的意见和建议。

国务院2008年3月21日通过的《国务院工作规则》第十八条也强调,“国务院各部门提请国务院研究决定的重大事项,都必须经过深入调查研究,并经专家或研究、咨询机构等进行必要性、可行性和合法性论证;涉及相关部门的,应当充分协商;涉及地方的,应当事先听取意见;涉及重大公共利益和人民群众切身利益的,要向社会公开征求意见,必要时应举行听证会。”

近年来,交通运输行业在制定公共政策时,都会通过政府网站发布征求意见稿,征求行业内外的意见。2015年10月,交通运输部就《关于深化改革进一步推进出租汽车行业健康发展的指导意见(征求意见稿)》和《网络预约出租汽车经营服务管理暂行办法(征求意见稿)》进行为期一个月的公开征求意见,成为行业治理民主科学决策的样板。因为,深化出租车行业改革、鼓励网约车创新是公众的强烈呼声和社会共识,但是,怎么改革,怎么创新,不仅需要寻求改革的共识,也需要研究具体的路径与方法。交通运输部的两个征求意见稿,就是通过民主决策程序向社会公众公开征求意见,进而凝聚改革共识、达成良方与善策的好机会，通过公开征求意见，多方找到了出租车、网约车改革与创新的最大公约数，就是“联动改革”与“合作治理”。

另外，公共政策是否得到有效的贯彻落实，需要及时跟踪和反馈，特别是要关注媒体公众的意见与声音，对媒体和公众的疑惑进行解答，利用媒体形成正面的舆论推动力，保障公共政策能够顺利实施。

## 第七节　增强有效掌控、利用媒体的能力

媒体的公众影响力、引导力、说服力是交通运输部门在现代信息社会做好公共舆论引导须臾不可轻视的依赖力量。在公共舆论引导过程中，交通运输部门应善于与媒体打交道，熟悉媒体的特点与规律，以我为主，积极引导。

人们普遍认识到，大众媒介通过议程设置引导公共舆论。但需要了解的是，世界上各种大众媒介都不是无政府的独立王国，它们都是社会主导者对公共舆论实施引导与控制的工具，它们的背后都有一只无形的手。交通运输部门也可能运用不同手段来引导媒介的议程设置，有效掌控、利用媒体，进而引导社会公众关注特定的公共事务。

### 一、建立与媒体的日常沟通协调机制

与媒体的沟通协调，要本着良性互动、合作双赢的原则，交通运输部门要以积极主动的态度，与媒体进行联系与沟通，努力建设和谐融洽的协作关系。建立各大媒体跑口记者联系表和定期联谊、恳谈机制，定期通报情况，征求意见和建议，加强交流，增进感情，赢得媒体的理解和支持。积极与媒体合作，有效利用新闻媒体的人力物力资源优势，开辟专刊、专栏、专题等宣传阵地。

### 二、突出主流、专业媒体的主角地位

当前，我国政府对国内所有媒体都负有管理职能，既包括党报党刊、广播电视等传统主流媒体，也包括都市报和互联网、“两微一端”等新兴媒体，同时也包括各行业报刊等专业媒体。对此，要做到邓小平同志说的，“要使我们党的报刊成为全国安定团结的思想上的中心”。[1]

在浩如烟海、真伪难辨的信息和舆论面前，人们越来越希望获得真实权威的解读，越来越希望主流、专业媒体发出鲜明客观的声音。一项调查表明，在通过网络获取信息后，70%的人会再通过利用传统媒体、官方网站验证所获信息的真实性[2]。所以，交通运输部门要发挥好传统主流媒体在保障社会秩序中的稳压器作用、在公共舆论引导中的风向标作用。在新闻信息发布、公共舆论引导过程中，利用好《人民日报》、《经济日报》、中央电视台、中央人民广播电台、新华社等中央主流媒体和通讯社，《中国交通报》等行业主流媒体。

### 三、发挥网络、新媒体的优势

现代公共舆论在信息化与网络化的社会条件下，以互联网为代表的新兴媒体呈现传播

---

[1] 邓小平. 目前的形势和任务[A]//中共中央文献编辑委员会. 邓小平文选(第二卷). 北京：人民出版社，1994.

[2] 范正伟. 主流媒体要发挥“稳压功能”——新媒体时代的舆论法则思考之一[N]. 人民日报，2012-2-27(4).

速度快、覆盖范围广、受众层次高、社会影响大、组织作用强、控制引导难等特点,而都市媒体则在经济利益的驱动下,往往追求轰动效应。交通运输部门在公共舆论引导中,既要把接受舆论监督作为一种政治素养,善待、善用、善管新兴媒体和都市媒体,更要务必清醒看到他们的负面效应,站在全局和战略的高度,牢牢掌握话语权、主动权,取其优势,为我所用。

## 四、拓展政府网站、政务自媒体的影响力

在现有的媒体生态下,要求每一个传播主体都发挥正面的公共舆论引导作用是难以实现的,必须做强做好政府部门创办的网络媒体和政务自媒体,发挥引导公共舆论、弘扬主流价值观的作用。

一要拓展交通运输政府网站的功能。2011 年,国务院办公厅曾下发通知,要求充分发挥政府网站的信息公开、互动交流作用❶。交通运输政府网站是交通运输部门对外发布信息、与公众互动的第一平台和窗口,其作用越来越大,越来越受重视。要进一步提高网站新闻发布、信息公开的全面性、时效性;为媒体、公众提供交通出行信息和网上办理服务;除通过加强"在线访谈""网上直播""意见征集""网上调查"等常设栏目的互动频次和力度外,还要在全国两会、全国交通运输工作会议及其他重要会议、节假日等时间节点,经常性设置新的互动主题内容,拓展和畅通社情民意表达渠道,汇集民心民智;要让政府网站成为媒体依赖的重要新闻信息源。

二要提升交通政务自媒体的影响力。政务自媒体已日益成为政府部门的新宠。目前,许多各级交通运输部门都已经开通微博、微信公众号,但步伐、水平并不一致。交通运输部门要想通过政务自媒体实现与公众的有效沟通、引导公共舆论,要对行业各相关部门进行分类,有所区别性使用:一是制定、执行公共政策的部门,如公路、水路、运输管理部门等;二是与媒体直接打交道的部门,如新闻宣传部门包括新闻发言人;三是直接服务公众的部门,如发布交通服务信息的路网中心,从事客货运输的企业等。同时,要对政务自媒体的内容设定框架,如政务类、非政务类、转发等,还可以通过回复网友咨询、回应突发事件、在线访谈等方式与公众互动。交通运输部门使用微博时要坚持直面评论、学会讲话、结果为上的"政府微博三原则"❷,要慎重处理网民对现实问题的诉求,坦诚面对网民的批评,提升与网友沟通的技巧,特别是要在突发事件中用好微博。

交通运输部门也有应用微博的成功范例。据新浪微博公布的 2012 年 2 月全国政府微博影响力榜单中,"@上海 shmetro"名列全国十大最具影响力政府微博第二名❸,粉丝达到 156 万,超过了许多报纸的发行量。"@上海交通港航""@四川省交通运输厅"等政务微博也荣获"2011 年腾讯微博十大交通系统影响力官方微博"称号❹。交通运输部门要对这样的渠道充分加以利用,要不断培养更多类似有影响力的"自媒体"。

---

❶ 国务院办公厅关于进一步加强政府网站管理工作的通知(国办函〔2011〕40 号).

❷ 谢建伟. 微博问政:进展与困惑[N]. 中国交通报,2011-3-29(14).

❸ http://media.people.com.cn/GB/40606/17316719.html.

❹ 王赤风. 上海"交通港航"微博影响力不微薄[N]. 中国交通报,2012-3-20(2).

案例分析

## 重大突发公共安全事故舆情应对工作的五点启示

### ——以“10·28”重庆公交车坠江事故为例

**编者按**:2018年10月28日10时08分,重庆市万州区一公交车在万州长江二桥桥面与小轿车发生碰撞后坠入江中,应急管理部、公安部等部门组成的部际联合工作组迅速指导当地做好人员搜救等处置工作,该事故受到公众持续关注。11月2日,事发时公交车内监控视频公布,事故原因系乘客与司机激烈争执互殴致车辆失控,这一结果震惊舆论。随后,舆论围绕公共安全、法律责任、警示意义等话题展开深入讨论,各地也陆续出台保障出行公共安全的应对举措。法制网舆情监测中心详细梳理此次舆情事件,呈现舆论场中的各方观点,并结合近年来发生的多起重大突发公共安全事故舆情工作的经验教训,提出处置建议,以供相关部门参考。

**1. 舆情事件**

**1)重庆突发公交车坠江事故,舆论火速聚焦**

10月28日12时许,重庆市公安局万州分局官微“@平安万州”通报称,当日10时许,一辆大巴车与一小轿车碰撞后冲破长江护栏坠江,市、区两级党委、政府已紧急组织公安、海事、长航等相关部门全力搜救。

13时许,万州区委外宣办官微“@万州发布”通报称,坠江车辆水下位置已基本确定,车载人数、事故原因等相关信息正在进一步核实。

当日,由应急管理部副部长孙华山牵头,公安部、交通运输部等部门相关负责同志参加的部际联合工作组赶到事故现场,指导协助地方党委和政府做好人员搜救等应急处置工作。

突发消息引发新华网、“@央视新闻”等媒体转发和网民聚焦。

**2)“女司机逆行”谣言流传,警方通报辟谣**

随着舆情升温,救援进展以及事故原因成为关注焦点。此时,更多细节被地方媒体披露出来:《南方都市报》引用万州区委宣传部工作人员说法,证实坠江大巴车为22路公交车,司机基本信息也遭曝光;《新京报》等媒体采访相关处置部门后报道称,事因小轿车车主“穿高跟鞋开车逆行”导致,万州区交巡警支队通报其已被警方控制。以上消息经过“@搜狐新闻”等媒体、大V扩散后引发舆论哗然,不少网民怀带愤怒之情对“肇事女司机”展开人身攻击。

当日18时许,“@平安万州”再发通报,称事故原因系“公交客车在行驶中突然越过中心实线,撞击对向正常行驶的小轿车后冲上路沿坠江”。舆情发生反转,网民纷纷向女司机道歉。

**3)官方次第发布救援信息,舆论持续关注进展**

10月29日,舆情持续高热,与救援工作有关的报道铺天盖地。同日,后车行车记录仪记录的重庆公交坠江瞬间视频曝光,惨痛画面引发网民唏嘘。随后,又有网民爆料称“公交车司机K歌到凌晨导致开车时睡着引发事故”，使得部分网民猜疑之声再起。

10月30日，据澎湃新闻报道，涉事轿车女司机解除控制后回家。

10月31日，救援工作取得突破性进展：失事公交车黑匣子已找到，公交车被打捞出水。

事故调查、善后安抚等工作陆续推进过程中，官方救援工作组织有序，媒体同步发布的信息有效缓解了公众的焦灼情绪。部分媒体报道标题触动人心、画面感强，如《父亲不幸在重庆坠江公交遇难　救援队儿子含泪救援》《重庆坠江公交被捞起　车体变形》等，舆论场悲伤情绪久久不散。

**4）事故原因公布震惊舆论，舆情高热触顶**

正当舆情降温之际，11月2日，重庆官方召开新闻通气会公布了事故原因。据车内黑匣子监控视频显示，系乘客与司机激烈争执互殴致车辆失控所致；两人互殴行为严重危害公共安全，涉嫌犯罪。这一消息无异于在舆论场投下一颗“重磅炸弹”。

当日，“#重庆公交车坠江原因#”“#重庆公交车坠江视频#”等微博相关话题阅读量突破5亿。

媒体转载报道时以“2人争执，3秒互殴”“她错过了1站，14个人错过了后半生”等强烈反差，表达极度痛惜之情，带动情绪迅速扩散。

而自媒体的讨论热度更是高涨，无数网民将矛头指向乘车者刘某，愤怒称“就因为你坐过车，就让全车人为你陪葬”，刘某的个人信息也遭到“人肉搜索”，其家属甚至遭到线下骚扰。

另外，“你有多少明天，才能扛过一个意外”等论调也流传甚广，舆论被恐惧和焦虑情绪笼罩。

**5）类案接续曝光，舆论迅速转向反思层面**

视频的曝光无疑将这起事故的舆论讨论引向另一个层面——社会公共安全问题。《南方都市报》等媒体称，22路公交车近年来多次发生打斗事故，严重者受到刑事拘留处罚；同时，全国范围内抢夺方向盘的司乘纠纷类案也接连曝出。另据网络调查报告显示，仅2017年至2018年间，类似公开判决的案件就有52起，其中，52名乘客和1名司机因危害公共安全获刑，案件起因均是坐过站等细小原因。部分类案梳理如表6-1所示。在此阶段，媒体、自媒体、专家、网民围绕如何保障社会公共交通安全、如何重塑公共规则意识等问题进行反思和探讨。

部分类案梳理　　表6-1

| 时　　间 | 事　　件 | 行 为 后 果 | 涉案人员处置 |
|---|---|---|---|
| 2018年4月2日 | 安徽大巴女乘客下车要求被拒后抢夺方向盘 | 未有人员伤亡 | 以危险方法危害公共安全罪被采取刑事强制措施 |
| 2018年4月20日 | 湖南大巴车上一乘客抢夺方向盘被其他乘客飞踹制服 | 未有人员伤亡 | 移交派出所处理 |
| 2018年5月2日 | 江苏男子瞿某饮酒上车后因公交卡余额不足与司机争吵，乱拨公交车挡位杆 | 一乘客在司机急刹车时摔伤 | 被常熟市法院依法判处有期徒刑三年，缓刑三年 |
| 2018年5月11日 | 北京乘客因冒用学生卡乘车被司机制止，与司机发生撕扯 | 严重影响公交车正常行驶 | 涉嫌以危险方法危害公共安全罪被刑拘 |

续上表

| 时　　间 | 事　　件 | 行为后果 | 涉案人员处置 |
| --- | --- | --- | --- |
| 2018年6月9日 | 重庆綦江公交车乘客因妻子未能上车与司机争吵，猛抓司机手中的方向盘 | 车辆偏离正常路线，险酿交通事故 | 未提及 |
| 2018年9月19日 | 湖北汉口公交车男子突然爬上驾驶室抢夺方向盘 | 及时停车未造成伤亡 | 未提及 |
| 2018年10月14日 | 江苏镇江女乘客大闹行驶中公交车，坐到司机身上抢方向盘 | 未提及 | 涉嫌以其他危险方法危害公共安全被刑拘 |
| 2018年10月29日 | 北京公交车乘客坐过站下车遭拒，用手提整箱牛奶击砸司机 | 与轿车发生剐蹭 | 以危险方法危害公共安全罪被刑拘 |
| 2018年11月4日 | 湖南湘潭公交车上一名老人因坐过站要求停车，遭拒后抢夺方向盘 | 及时停车未造成伤亡 | 被警方带走调查 |

#### 6）多地出台应急补救举措，舆情逐渐降温

11月3日之后，重庆公交车坠江事故所带来的舆论辐射效应逐渐显现。

11月4日，重庆多部门联合召开全面加强公共交通安全稳定工作会议，将从严惩危害公共安全的各类违法犯罪行为、为车辆配备必要的安全防护设施、制定出台驾驶员突发情况处置操作规范等多方面全面加强公共交通安全稳定工作。

11月5日，应急管理部召开党组会议，要求完善公交车、长途客车驾驶员安全防护设施；中国新闻网报道称，目前南京、北京、重庆、西安、武汉、长沙等多个城市公交部门纷纷出招防"车闹"，如加装护栏、安装一键报警装置、"心理疏导＋应急演练"等。

截至11月7日12时，与重庆公交车坠江事故有关的媒体报道超9万篇，相关微博200万余条，微话题"#重庆公交坠江#"等阅读量逾15亿次。

### 2. 舆论观察

#### 1）坠江事故之悲

（1）探讨事故带来的警示意义

因情绪失控导致公交车坠江，这样沉重的代价让人窒息。舆论主要围绕事故带来的警示意义进行讨论。《人民日报》、新华社、央视网等央媒立足社会文明和遵守公共规则，指出社会公共安全水平与社会公德素养密不可分，对规则和文明的捍卫更需要法律的保驾护航。还有部分舆论声音关注事故发生背后的另一层原因，即情绪失控，呼吁公众保持冷静克制。如《新京报》评价称，"从本质上来说，这起事故是规则意识进化不完全的'衍生品'，是人际内耗和互掐的结果"。

（2）反思人性"平庸之恶"

在微博、微信等自媒体中，有网民指责乘客的无理取闹，有网民讨论司机应急方式失当，还有网民将矛头对准了另外13名乘客的"无动于衷"，但更多论调则认为悲剧根源来自于人性的"平庸之恶"。如网民"@牧野山林"称，"很多时候，我们都在那样一辆车上，有人装睡，

有人假装看不见，在众人的无动于衷中共同走向了深渊”。微信公众号“霍老爷”的文章《22路公交车上，没有一个屈死鬼》轻松获得10万+阅读量。同时，以微信公众号“长安剑”为代表的官方新媒体则立足正能量，发出“弘扬正气”的倡议，号召公众不做冷漠的围观者、低俗的跟风者、负能量的传播者，短短48小时内就收到5000余万人积极响应。

**2）涉法议题之问**

在此次公交车坠江事故中，相关的涉法议题必然是舆论场中无法绕开的重要话题。而这一话题大致分为两点内容：

（1）事故各方法律责任几何

在事故原因未公布之前，已经有专家、律师讨论涉事司机可能承担的法律责任。如法律人士曾杰等认为，涉事司机可能涉嫌交通肇事罪和危险驾驶罪。对于乘客刘某的责任，浙江雄略律师事务所主任律师郭力认为，可对其依法认定为“以危险方法危害公共安全罪”。还有舆论声音关注到后续追责赔偿问题，如北京师范大学刑事法律科学研究院中国刑法研究所副所长彭新林表示，公交车公司作为运输合同上的承运人，需承担民事责任；《法制日报》认为，女乘客和公交司机的民事责任由他们的继承人在其遗产范围内承担，遇害的无辜乘客家属可以同时向女乘客和公交司机的家属、公交公司提出民事赔偿。另外，也有网民指出，按照最新防护栏标准，重庆万州公交车或不致坠江，该问题则将责任主体指向了路桥管理部门。

（2）如何以法治手段进行规制

事故原因公布后，舆论更多地关注如何通过法律手段对现有扰乱社会公共安全的行为进行规制。其中，干扰公交司机驾驶并造成严重后果的行为，涉嫌“以危险方法危害公共安全罪”，应被追究刑事责任，这是目前舆论的普遍共识。北京大学法学博士后郭卫华建议在刑法中单列“妨害安全驾驶罪”，以减少重庆公交车坠江之类的惨剧。另外，还有舆论认为严格执法、规范司法与加强普法也不可或缺。《新京报》提出，有必要针对“抢夺公交方向盘”等危害公共行为制定严格的执法标准，只要对法益构成威胁，该刑拘就刑拘，不能用“随意化裁量”削弱法律严肃性。《法制日报》评论称，要“以司法遏制殴打公交司机的恶行，法院的判决应是对群众呼声的回应”。东南大学法学院副教授顾大松建议，可在公交车驾驶室旁边贴上法规条文，明确乘客妨害司机正常驾驶的法律责任，提示乘客面临的法律后果。

**3）公共安全之议**

舆论围绕如何保障社会公共安全，提出了诸多有见地且操作性强的建议。如中国政法大学教授阮齐林建言，公交公司应对司机进行安全意识培训，建立起司机预防冲突防范体系，比如在培训时明确告知司机如遇此类事件，首先靠边停车、报警，不能与乘客暴力冲突，培训结束后，进行考核，如不达标不能上路。

另外，也有部分专家、大V等表示可以引入国外一些先进的制度和经验。大V“@陈世渠”称，从2017年年初开始，为保证驾驶员安全，美国堪萨斯城给每辆公交车驾驶座都装上玻璃隔离门，且新法规定袭击驾驶员等同于袭警；爱尔兰的驾驶室位置被保护得特别好并设有防弹玻璃。参考消息网称，英国伦敦市政府对公交车司机的安全培训，除了开车技能外，重点还包括如何应对冲突。

### 3. 舆情解析

#### 1)事故原因出人意料瞬时引爆舆论

事发以来,自“女司机逆行酿祸”被官方释疑之后,这起坠江事故的原因就一直成为公众抹不去的心头之问。舆论对此也多有揣测,车辆失控、司机急症、路况故障……但始料未及的是,这场惨剧竟起于一场司乘之间的争执,其起因之荒唐、情节之戏剧、结果之惨痛,都无疑带给公众极大的心理冲击,堪称是“近年来庸常之恶、无视规则者酿成的最惨痛的人祸”。而从舆情走势看,这则监控视频如同导火索,将舆论场中的愤怒、批评、指责、反思等种种负面情绪瞬间点燃,成为舆情陡然升温的关键因素,并对后续舆情态势产生了决定作用。

#### 2)“人人自危”式代入心理引发情感共鸣

相较于以往发生的重大突发事故而言,此次事故造成的人员伤亡并非最多,性质也并非最恶劣,但却因深深戳中公众痛点而引发了情感共鸣。如果说在视频公布前,公众多持观望、等待的旁观者心态,那么事故原因公布后,公众的焦虑和恐慌的心理被大大激发,产生出强烈的同理心和代入感。这种感受使网民意识到,“任何一个人都有可能成为舆情事件中的当事人”“人人都可能成为受害者”。公众急于通过公开讨论的方式倒逼问题解决,避免重蹈覆辙。在此背景下,网民就出行公共安全、公共规则等话题展开讨论,并在短时间内汇集成为巨大声浪。而这场讨论也是迄今为止,公众对恪守、敬畏公共规则形成的认知最为统一、讨论最为深刻的一次,客观上为后续法规制度的完善打下了坚实的舆论基础。

#### 3)强烈情绪催动舆情强势升温

回看坠江事故舆情脉络,可以清晰看到,舆论情绪在整个舆情发展过程中的关键推动作用。视频公布前后的舆情信息量差距高达十倍,其中相关话题在微博舆论场的讨论中体现尤为明显。比如,针对“女司机逆行”传言,大量网民在强烈的愤怒和膨胀的正义感驱使下,发出“害人精去死”“自杀谢罪”等网络言论。在视频公布后,涉事者“死有余辜”、全车人为不守规则者“陪葬”等情绪性论调充斥网络。总体来看,本次事件的舆论传播呈现出明显“情绪主导舆情”的非理性特征,在负面情绪的强势催动下,舆情热度迅速攀升触顶。

#### 4)次生舆情频发增加舆情曲折性

重大突发事故的发生具有突然性,往往令人猝不及防,这也决定了其在舆情发展过程中的不可控性。任何一则消息、一个进展可能都对舆情的走向产生影响,衍生出舆情风波。在舆情早期,“女司机穿高跟鞋逆行”的消息在网络疯传,致使舆论关注点一度失焦。随后,又有网民称司机凌晨K歌致事发,还挖掘出其抖音账号等个人信息,再次让舆论矛头转向。而视频公布后,多起因乘客与公交车司机发生争执导致车祸事故的类案被集中曝光,不断催热舆情讨论热度。可以看到,不实信息、网络暴力、类案曝光等次生或衍生舆情在此次事故中均有出现,一定程度上增加了舆情态势的曲折性和复杂性。

### 4. 处置评点

2015年、2016年,全国范围内相继发生了上海外滩踩踏事故、天津港爆炸事故、湖北“东方之星”号客轮翻沉事件、广西柳城爆炸案、宁夏公交车纵火案等一系列重大突发公共安全事件，政法机关舆情危机处理能力建设被迫提上日程，并在处置应对中得到锤炼。在这类突发公共安全事件中，舆情应对与舆论引导是考验危机处理能力的重要标尺，回顾此前案例并总结重庆此次事故处置工作，可以发现，相关处置部门表现出来的一些经验或教训，值得政法机关借鉴和警惕。

**1）完善新闻发布制度，抢占宣传阵地**

国务院发布的有关政务公开和舆情应对的要求中均有提及，对涉及特别重大、重大突发事件的政务舆情，要快速反应，最迟要在5小时内发布权威信息，在24小时内举行新闻发布会，并根据工作进展情况，持续发布权威信息。在湖北“东方之星”号客轮翻沉事件发生后，交通、水利、气象等相关部门组织14次新闻发布会，每小时向媒体通报救援最新进展；宁夏公交车纵火案中，贺兰县、银川市在事发后连续召开新闻发布会，通报伤亡人数，对事件作出定性，介绍救治情况。密集的信息发布向公众展示事件全貌，体现出救援工作的有序开展，有利于抢占舆论阵地。

当然，发布会并不是唯一选择，当信息量不足以支撑一场新闻发布会时，也可以选择在官方微博或微信平台进行情况通报。在准备不足的情况下仓促召开发布会，可能带来另一种形式的“灾难”。例如天津港爆炸事故发生后，天津市政府在紧急召开的新闻发布会上出现时间推迟、出席人员频繁变动、发布会被打断等情况，在引发网民吐槽之余，更加深了舆论对政府救援处置不力的质疑。

**2）兼顾官方信息的准确性和时效性**

在突发事件中，网络舆情风险主要来自两方面：一方面，公众的“信息饥渴症”使得他们容易对已公开的信息进行“加工”和“想象”，产生不实信息；另一方面，调查的“空档期”，谣言往往乘虚而入，增加社会恐慌情绪。这意味着舆情回应需要兼顾准确性和时效性，尽力压缩舆论对信息“加工”的机会以及谣言滋生的空间。尤其是在事发初期，公众最迫切地想了解的是事实真相和进展情况，官方必须抓紧第一时间与舆论赛跑。从时效性角度来说，重庆当地政府部门在事发2小时内通过警方官微发布首份情况通报，8小时后给出事故原因结论，基本符合重大突发事件舆情回应的要求。

**3）建立辟谣与发布的协同机制**

对于突发事件中滋生的网络谣言，一般是采用“官方辟谣+全媒体播报”的方式清理舆论场。但这远远不够，还需加强对媒介信息发布的审查力度，及时处理未经权威证实的不实信息，从渠道上切断谣言传播的可能。这就需要在官方和媒体之间建立辟谣和信息发布的协同机制，保持权威发布、媒体自采、信息管控三者之间的平衡，令官方声音在其他信息的印证和补充中得到增强。例如在天津港爆炸事故中，“700吨氰化钠泄漏”“有毒气体扩散”等谣言满天飞，事发4天后，《人民日报》对传播较广的谣言进行汇总，澄清谣言数量多达27个，中央网信办更是火速查处360个微博微信账号、60家网站，有力廓清了舆论氛围。重庆公交车坠江事故中，在媒体自采的“女司机逆行导致车祸”说法广泛传播、网民对女司机“喊打喊杀”时，万州警方及时明确事故原因，及时刹住舆论乱象。

**4)主动设置议程,把控信息流向**

在突发重大公共安全事件中,事态发展速度加快,通常会引发强烈的舆论跟随效应,其表现就是舆论随着事件进展产生大量的情绪性讨论,导致官方的权威回应被淹没。因此,舆情处置主体可在议程设置方面借助舆论跟随效应,充分利用官方新媒体平台的权威性和主流媒体的影响力,突出政府的主导性工作。例如从救援工作难点入手,将救援队伍作为报道主角,通过媒体将舆论关注引向救援工作,实现对信息流向的把控。同时,还通过对正面人物的塑造和事迹的宣传,对冲舆论的负面情绪。如重庆公交车坠江事故发生后,"@央视新闻"连续发布27篇微博,用图文、视频等方式持续播报救援的详细进展,展露救援工作中的温情细节,引起众多媒体官微转载;在上海外滩踩踏事故中,一开始即由上海市政府新闻办公室官方微博作为对外信息发布的主窗口,协同相关部门信息发布与推送,使官方微博成为社会、媒体、网民等获取信息的唯一窗口,保证了到场信息的权威性。

**5)突发事件处置不能止步于舆情**

面对重大灾难事故时,舆论讨论往往会向社会问题这一层次深入。在此语境下,除了仍要将突发事故的处置摆在第一位之外,也需在社会面进行相应调整,实现宣传与反思的同步。只有消除和控制了那些造成事故的风险因素,推动安全升级、制度保障、法律完善,才可能从根本上消除和控制风险,重塑公众安全感。以重庆公交车坠江事故为例,具体来说:一是实体层面的改进,公共话题通常伴随着焦虑恐慌情绪,必须有赖于实体层面的实质性改变予以安抚和缓解,如各地纷纷推出的保障公交车安全行驶的措施;二是以案普法的跟进,用法律利剑惩治违法现象,保护公共安全,是社会反思落地的必然途径,例如多地法院在官微官网上披露类案的判罚结果,起到了生动普法和警示教育效果。

**5.结语**

目前,重庆公交车坠江事故舆情总体平缓,后续处置工作仍在继续。但在该事件以及类案处理中,还有一些舆情风险需要注意。

第一,除了技术和安全手段升级,舆论还呼吁完善法律法规,建立刚性的制度,给处于工作状态的驾驶员遮起一把保护伞,为类案处置提供更为精准的法律指引,相关立法司法部门可关注此类舆论动向。

第二,从当前公布的多起案例来看,公安机关均将打骂、拖拽司机、抢夺方向盘等行为以涉嫌以危险方法危害公共安全入罪。此举固然符合当下的舆论心理期待,但各地政法机关也需严守执法边界,明晰暴力与非暴力的界限以及冲突双方的责任归属,以免处置扩大化,矫枉过正。

第三,虽然引发悲剧的涉事人员均已在事故中死亡,但还有一些法律责任需要更进一步的调查工作来明确,例如对公交公司和涉事人员的民事赔偿责任问题,后续或随着相关内容的发布还会引起舆论热议,当地处置部门需提前做好舆论引导预案和准备。

# 结　束　语

政府部门面对的公共舆论场越来越强大，需要去引导的公共舆论越来越繁杂，这已经是不争的事实。而交通运输部门不可能用强制力量去改变公共舆论，只能遵循公共舆论的形成规律去有意识地引导公共舆论。

随着我国政治、经济、社会、文化的发展，不同媒体的或兴盛或衰落，涉及交通运输的各类矛盾、问题的消长，交通运输部门面临的公共舆论也会经常发生变化，但只要交通运输部门注重把握好服务大局的基本前提、正面引导的基本要求、服务群众的基本取向、改革创新的基本途径、统筹协调的基本方法，建立完善的公共舆论引导管理体制和运行机制，切实注重对舆情、民意的收集、整理、分析，熟练掌握公共舆论引导的各类理论和实践方法，密切关注并适应各类媒体的发展趋势和运作规律，不断创新公共舆论引导的方式方法，就一定能让交通运输行业在与公共舆论的互动、促进中不断前进。

另外，综合近年来的观察发现，交通运输部门在新闻宣传和舆论引导中普遍存在人员紧缺、资金投入不足等问题，相比于西方国家政府部门或大型企业聘请职业的新闻发言人或请公关公司所取得的公共舆论引导的效果，我国政府部门在实现对公共舆论的有力有效引导方面，还要做更多的努力和探索，还有很长的路要走。

# 参 考 文 献

[1] 张成福,党秀云. 公共管理学[M]. 北京:中国人民大学出版社,2007.
[2] 张康之. 公共管理伦理学[M]. 北京:中国人民大学出版社,2003.
[3] 竺乾威. 公共行政学[M]. 上海:复旦大学出版社,2008.
[4] 顾建光,王树文. 公共政策分析导论[M]. 上海:上海人民出版社,2007.
[5] 王宏伟. 公共危机管理[M]. 北京:中国人民大学出版社,2012.
[6] 刘建明. 基础舆论学[M]. 北京:中国人民大学出版社,1998.
[7] 吕文凯. 舆论学简明教程[M]. 郑州:郑州大学出版社,2008.
[8] 韩运荣,喻国明. 舆论学原理、方法与应用[M]. 北京:中国传媒大学出版社,2008.
[9] 徐向红. 现代舆论学[M]. 北京:中国国际广播出版社,1991.
[10] 程世寿. 公共舆论学[M]. 武汉:华中科技大学出版社,2003.
[11] 郭庆光. 传播学教程[M]. 北京:中国人民大学出版社,2011.
[12] 胡正荣. 传播学总论[M]. 北京:北京广播学院出版社,1997.
[13] 叶皓. 政府新闻学[M]. 南京:江苏人民出版社,2006.
[14] 杨明品. 新闻舆论监督[M]北京:中国广播电视出版社,2001.
[15] 朱颖. 新闻舆论监督与公共权力运行[M]. 上海:复旦大学出版社,2011.
[16] 陈力丹. 舆论学——舆论导向研究[M]. 北京:中国广播电视出版社,1999.
[17] 刘伯高. 政府公共舆论管理[M]. 北京:中国传媒大学出版社,2008.
[18] 喻国明. 传媒影响力[M]. 广州:南方日报出版社,2003.
[19] 王天意. 网络舆论引导与和谐论坛建设[M]. 北京:人民出版社,2008.
[20] 张进中. 提高舆论引导能力　营造良好舆论环境[N]. 人民日报,2011-01-17(6).
[21] 喻国明,刘夏阳. 中国民意研究[M]. 北京:中国人民大学出版社,1993.
[22] 汪晖,陈燕谷. 文化与公共性[M]. 上海:三联书店,1998.
[23] 邹建华. 如何面对媒体——政府和企业新闻发言人实用手册[M]. 上海:复旦大学出版社,2008.
[24] 邹建华. 突发事件舆论引导策略[M]. 北京:中共中央党校出版社,2009.
[25] 魏永忠. 公安机关舆情分析与舆论引导[M]. 北京:中国法制出版社,2011.
[26] 潘知常,彭铁林. 怎样与媒体打交道——媒体危机的应对策略[M]. 北京:中国广播电视出版社,2008.
[27] 魏永征,张咏华,林琳. 西方传媒的法制、管理和自律[M]. 北京:中国人民大学出版社,2003.
[28] 沃尔特·李普曼. 公众舆论[M]. 阎克文,江红,译. 上海:上海人民出版社,2005.
[29] 卢梭. 社会契约论[M]. 何兆武,译. 北京:商务印书馆,1987.

[30] 韦尔伯·斯拉姆,等. 报刊的四种理论[M]. 中国人民大学新闻系,译. 北京:新华出版社,1980.

[31] 哈贝马斯. 公共领域的结构转型[M]. 曹卫东,等,译. 上海:学林出版社,1999.

[32] 席伟航. 网络舆论传播与引导的思考[J]. 中国记者,2010,000(007):96.

[33] 时国珍,原碧霞. 突发事件网上演变规律与舆论引导[J]. 中国记者,2010(05):43-44.

[34] 林丽臣. 浅析美国政府的舆论引导[J]. 山东视听,2006(12):23-25.

[35] 江泽民. 关于党的新闻工作的几个问题. http://news.xinhuanet.com/ziliao/2005-02/21/content_2600239.htm,1989.11.28.

[36] 徐京跃,李亚杰,周英峰. 胡锦涛在省部级主要领导干部社会管理及其创新专题研讨班开班式上发表重要讲话强调:扎扎实实提高社会管理科学化水平　建设中国特色社会主义社会管理体系[N]. 人民日报,2011-02-20.

[37] 彭燕,孙妍. 李盛霖强调:加强和创新社会管理　发展现代交通运输业[N]. 中国交通报,2011-04-02.

[38] 高宏峰. 以改革创新精神全面推进交通新闻宣传工作. http://www.moc.gov.cn/zizhan/siju/tifasi/xuanchuangongzuo/guanliwenjian/200804/t20080428_482630.html,2008.4.16.

[39] 习近平. 习近平谈治国理政:第二卷[M]. 北京:外文出版社,2017.

[40] 习近平. 习近平谈治国理政:第三卷[M]. 北京:外文出版社,2020.

[41] 甘惜分. 新闻学大辞典[M]. 郑州:河南人民出版社,1993.